龙女花开

曲清源 著

人民出版社

龙女花开

第一章　童年浪花

1. 出生小山村

"祖国万岁！"在冲过终点线的那一刻，杨洪琼发自内心地振臂高呼着，现场观众瞬间沸腾一片，这是中国女子运动员在2022年北京冬残奥会残奥越野滑雪中获得的首枚金牌。在随后的比赛中，杨洪琼不负人民期望，接连斩获本届冬残奥会越野滑雪女子坐姿组短距离、中距离两个项目金牌，成为中国冬残奥会历史上首位"三冠王"！

"我只是个普通人，做了一件普通的事情而已"，这是杨洪琼内心的真实想法，比起"冠军"的头衔，她更喜欢大家亲切地喊自己"洪琼"。这位谦虚的女孩夺冠，是她人生登上峰顶的光辉

云南省罗平县安居村

3

时刻，而这荣耀的背后是一位质朴坚毅的女孩不折不挠的奋斗历程，是她不断追逐梦想、实现自我超越的人生之路。

1989 年农历九月二十，杨洪琼出生在云南省罗平县一个名为安居村的小山村。次年，在离安居村 2500 公里以外的首都北京，成功举办了第十一届亚运会，37 个国家和地区的体育代表团的 6500 多人参加比赛，这是新中国成立后首次承办的大规模综合性国际运动会。这届亚运会的成功举办为 18 年后的 2008 年北京奥运会奠定了基础。

安居村大约有二三十户人家，村庄嵌在半山腰一个较为平整的地方，背靠一座巍峨的大山，前方群山绵延，参差遥列，山上郁郁葱葱，远远望去，像是一层层翻滚着的绿波浪。而到了春天，金灿灿的油菜花染尽山野。沿着田埂漫步，小黄姜叶儿上还沾着未消退的露珠，阳光一照更显得晶莹透亮。云南曲靖得天独厚的气候和村民的勤恳劳作绘就了这样的景象。春去秋来、寒来暑往，更替的是山村四季的色彩，不变的是山村人家勤劳的品格。

洪琼的父母都是滇东朴实的农民，共育有三个孩子，洪琼是家中长女，有一个弟弟和一个妹妹。洪琼本还有一个哥哥，刚出生便不幸夭折，这也曾让她的父母很长一段时间沉浸在失去骨肉的悲伤中。洪琼的顺利出生冲淡了家中的阴霾，笑容久违地重现在了杨家人的脸上，这也让一家人更疼爱这个来得恰到好处的女儿。而彼时，洪琼的父母还预想不到将来这个大女儿会带来怎样的荣光。

每个人的名字都寄托着父母对孩子美好的祝愿，"杨洪琼"也不例外。

洪琼出生没几天，家族里的长辈来家里看她，其中一位婶婶还给她起了个名字——"花儿"。这是那个年代村里人认为最美好的事物，与洪琼同龄的许多女孩，名字也都与"花儿"联系着，比如兰香、桂花、红梅……在很长一段时间里，洪琼都叫"杨花"，村里人到现在也好多依旧亲昵地喊她"阿花""花儿"。

后来杨洪琼在山上出意外以后，她的外婆找了人算命，说是"杨花"这个名字不好，阻挡运势。于是将"花"改为"晴"，加之这一代正是家中"洪"字辈，便改名"杨洪晴"。不过，在罗

罗平小黄姜丰收

平方言里，"晴"字和"琼"字发音类似，工作人员在改名字时登记成了"杨洪琼"。以至于后来洪琼离开家到昆明华夏中专上学时，还在以为自己叫"杨洪晴"，听到大家喊"杨洪琼"，她还特地解释一番：我的名字最后一个字是"晴"，不是"琼"。但不清楚原委的同学和老师依旧喊她"杨洪琼"，慢慢地她也懒得解释了，不承想这个名字将在不远的将来载入奥运史册，陪伴她的一生。

洪琼虽是足月出生的，但皮肤却一直是黄黑黄黑的，瘦小得像个猴一样。母亲没有多少奶水，家中也没有钱买奶粉，尚在襁褓的婴儿因营养不足常常哭闹，一到天黑就开始撕心裂肺地哭喊。到洪琼三个月大时仍旧如此。时至今日，母亲每每想起，依旧自责不已。

幸运的是，洪琼的外婆家在当地还算富裕。母亲时常背上洪琼去几里地外的隔壁村外婆家。农历十二月底，正好是采小黄姜的好时节，母亲就在娘家帮忙采姜，外婆在家里照看着襁褓中的小洪琼。

外婆看着洪琼哭个不停，就把大米放在铁锅里不停熬煮到呈稠糊状，再用小勺子一口一口喂她。这样做让洪琼哭闹的次数有所减少，但多数时候洪琼仍是哭喊不止。外婆见此情形，又心疼又着急，想着或许是被什么不干净的东西给缠上了，便开始筹备一个拜祭，当地也叫作"拉记名"或是"拉干爹"。如果谁家小孩久病不愈或比较淘气，就选个吉日在家中"拉记名"以解孩子之疾。

"拉记名"有两种方式：一种是请人选个好日子，夜里将香纸、猪头准备好，天破晓时到大路口摆好并在此守候，第一个遇到的人就是孩子的干爹或干妈；如果第一个遇到的是孩子，他的父母就是干爹干妈。无论来自何方也无论是贫富贵贱，只要碰到，便是"命中注定"。

"拉记名"的另外一种方式是从某个日子开始，每天都往家里的竹筒里放一把米，米放满的那天第一个来家里的人就是孩子的干爹或干妈了。一般和对方说明情况后，便会请他到家中认亲，摆上丰盛的菜肴以示庆贺。酒足饭饱之后，这个人便要用自己的姓氏给孩子取个名字，还要给上几十元"乖钱"，以让孩子早日康复。双方认了亲，"落实"了各自家中的情况后，还有一系列的活动，那就是每年春节都要进行"拜亲"。首先是"拉干爹"的这一家要连续三年在每年的大年初二到干爹家"拜亲"，三年之后干爹家再进行"回拜"，来个"礼尚往来"。这样来来往往之后才算真正做成了亲戚。

洪琼外婆"拉记名"用的是第二种方式。那天外婆早早便杀好一只肥壮的土鸡，各个地方放好香纸，静候有缘人到来。"有胶底、乱头发的，快来换米花糕喽"，一声声清脆的吆喝声在小山村中回荡，声音越来越近、越听越清楚。外婆喜上心来，因为有缘人终于来了，她不禁松了口气，连忙出去将人迎进来。

这是一位四十岁出头的农村女人，黑红的脸蛋，壮实的身体。女人挑着一个担子，一边是米花糕，一边是收来的旧胶底鞋和乱头发。听口音像是外乡人，但外婆依旧很高兴地向她详细说明了缘由。女人爽快地答应下来，放下担子便和洪琼外婆往家中走去。

按习俗，吃完丰盛的午餐后，女人得给洪琼起个新名字，才能顺理成章成为她的干妈，驱走邪气。具体名字洪琼也记不清了，因为这个新名字并未叫出名。不过说来也神奇，自有新名字后，襁褓中的小洪琼就真的变乖了不少，也很少再哭闹了。

在浓浓的温情中，小洪琼渐渐成长，日子虽不很富裕，但每天生活得也简单快乐。

2. 捣蛋的幼年

20世纪90年代，改革开放的浪潮席卷中华大地，但在云南滇东北的小山村，经济发展速度和人民生活水平还是相对要低一些。洪琼记事起，村里人家的日子都不是很富裕，村民们世代生活在这座大山之中，在脚下的这片土地上辛勤耕耘，民风淳朴，虽劳累但也有种别样的幸福。往事就如同那璀璨的星空中缀满的一颗颗明亮的星星，挂在洪琼的内心深处。每每提及，她总是能滔滔不绝说起那段无忧无虑的往事，讲到好玩有趣的地方，她总是咯咯地笑个不停，"当年我和弟弟在帮持家务的空闲，没少演绎过调皮、捣蛋的故事呢"。

洪琼弟弟出生于 1993 年，比洪琼小 4 岁。在农村，年长的孩子往往要承担照顾年幼弟弟妹妹的责任，洪琼自然也不例外。父母只要外出干农活，便会让洪琼在家照顾弟弟。有一天，父母刚出门没多一会儿，她和弟弟玩起了过家家。以往他们会在家周围采各种各样的叶子当做菜和钱币，捡几块破瓦片，再把地上的烂污泥加点水拌一拌，然后再用手搓成圆圆的形状，放在瓦片上象征性地煮一煮，就是丰盛的"一餐饭"了。

但这天洪琼和弟弟突发奇想，他们用砖块简单地围成可以烧烤模样的灶台，再去厨房灶里拿出火光微弱的余碳，接着姐弟俩小心翼翼地从正在孵蛋的母鸡脚下拿了一个鸡蛋，用两根树枝夹着鸡蛋往火坑里放，两人目不转睛看着眼前的鸡蛋，正幻想着能吃上平时没有尝试过的美味，突然"嘭"的一声，鸡蛋瞬间爆炸，弟弟的头发和衣服上到处流着鸡蛋液，洪琼站得稍远，才躲过了一劫。

所幸弟弟没有受伤，但事情发生得太快，两人都吓得在原地发愣。弟弟回过神来，直接坐在地上哇哇大哭。撕心裂肺的哭声把洪琼弄得手足无措，她使出浑身解数想让弟弟停止哭泣，最后还是将炸在地上的鸡蛋碎和弟弟分食，才将他哄好。吃完鸡蛋，姐弟俩就去地里找爸妈，母亲一眼就看到弟弟胸前蛋黄的痕迹，"你两个搞什么克了？"（云南方言："克"同"去"）两人心虚地摇摇头，齐声答道："什么也没搞。"

母亲看姐弟俩在地里只会捣乱，就叫洪琼带着弟弟回家去。回到家没多久弟弟就犯困了，洪琼看着弟弟慢慢耷拉下去的眼皮，心想："弟弟睡着了，我就只能守着他，哪儿也去不了，又孤独又无聊……"于是，她心生一计，对着无精打采的弟弟说："我发现了一个好玩的东西，你啊想克看？想呢话，我带你克。"小孩子哪里经得起这种诱惑，瞬间睡意全无，眼里全是好奇，急忙拉住洪琼往外走。姐弟俩来到大门口，洪琼神秘兮兮地关上大门，把手放到大门正中的一个洞后，太阳光线透过门洞，在她白嫩的手掌上现出一个肉红肉红的小圆，她用手不停地去抓这个圆，但怎么也抓不住，她觉得有趣极了，想让弟弟也试一试。弟弟却不屑一顾，"不好玩，我想回克睡觉。"洪琼连忙拦住弟弟说道："你跟着我转圈圈，一下就不困咯。"弟弟还是不想转，她只能威胁道："你不转，等你睡着了，我就找爸妈克，让你一个人在家。"弟弟害怕一个人，只得无奈地乖乖跟着姐姐转圈。转圈是那时姐弟俩的一大日常游戏，洪琼喜欢那种旋转瞬间世界是模糊的感觉，天地仿佛在跟随自己的脚步变化，满眼都是小星星。虽然有时一不小心就会来个倒栽葱，一屁股倒在院子的泥巴地上，但抬头望着湛蓝的天空，微风轻拂过脸颊，她觉得好不快活。

晚霞将天空染成一片火红，犹如一幅绚丽的画卷，一缕炊烟慢慢升起，渐渐融入天际。在这美好的黄昏时刻，寂静的村庄开始热闹起来。山风把远处阵阵悠扬清脆的牛铃声吹进了洪

杨洪琼家门口小路

琼的耳朵里，声音越来越近，越来越清晰，洪琼知道父母快到家了，立马撒起腿来往路口跑去。夕阳下的树影越来越长，父母吆喝着牲口终于到家了。一切一如往常：爸爸牵着马，马背两边的箩筐驮满猪草；妈妈牵着牛，扛着带新鲜泥土味的锄头。关好牲口，爸爸就照料牲口的吃食，妈妈生火做饭，洪琼负责守着灶门添柴，弟弟则趴在凳子上睡着了。妈妈把弟弟抱到床上躺好，接着小声问道："弟弟今天没睡午觉吧？""睡过了。"洪琼心虚地答道。

洪琼的天性好像就是喜欢捣蛋，和弟弟砸打火机是童年又一大乐趣。有一天，淅淅沥沥地下着小雨，邻居来串门，正和妈妈在堂屋烤着火。洪琼在外面捡到一个打火机，偷偷叫上弟弟走到屋外，使唤弟弟去院子周围找一块石头，为砸打火机做准备。90

年代，生活没有现在丰富多彩，绝大部分农村孩子买不起玩具，但爱玩是孩子的天性，他们研究出了各式各样的玩意儿来解闷，如弹弓、石子儿、"斗鸡"、折纸等，虽然简易却不简单，每一件玩意儿都是独一无二的存在，都能给孩子们带来无尽的乐趣。而打火机应该是小时候比较难得的玩具之一了。一般来说，那时家里面虽然都会有砂轮打火机，但也只有在用完燃气的时候才能弄到。

洪琼和弟弟也是第一次自己砸打火机玩，以前都是跟在稍大一点的哥哥姐姐后面看他们砸。于孩子而言，砸打火机可是乐趣多多。一方面，砸下去火机爆炸瞬间发出的巨大声响就如同放鞭炮一样，声音又大砸起来又刺激，这是平常里得不到的。在那个年代，鞭炮只有在过春节的时候才能买到，因此砸火机可以说是鞭炮的最好平替。另一方面，打火机被砸得四分五裂后，里面的各种小零件也都会成为孩子们的新玩具。

洪琼和弟弟分工合作，自己负责砸打火机，弟弟则负责放打火机。打火机虽然是塑料的，但不一定一次就能成功砸爆，还可能被砸后飞到别处去。所以，弟弟目不转睛地盯着打火机的走向，就在洪琼拿起石头砸向打火机那一刻，姐弟俩屏住呼吸，紧紧盯着砸出去的石头。"嘭！"一击即中，打火机爆炸了，姐弟俩都被吓了好大一跳，母亲听到声响赶紧从屋里出来，由于弟弟离打火机太近，石头与打火机碰撞爆炸时，他还来不及闪躲，打火机溅出的火花，便烧掉了他的眉毛。母亲一看弟弟的眉毛被烧光了，急忙看了看有没有伤到别处，见姐弟二人无碍，便冒火地教训了他们一顿。等火气平息下来，才对姐弟俩说："打火机不能砸，打到眼睛怎么办？"一旁的邻居看着弟弟被烧掉眉毛也说道："小娃娃咋会这么贪玩，也晓不得个轻重，听你们妈妈的话，下次不要砸了。"

　　然而，天性爱玩的小洪琼依旧"顶风作案"，不是和小伙伴偷偷拿家里的绳子去山里荡秋千，就是跑去和小伙伴跳绳而忘记母亲吩咐的活计。大晚上还和小伙伴们去偷邻村的桃子，大家分工合作，放哨的放哨，上树的上树，洪琼自然是上树的一个。为此，她吃了不少母亲亲自伺候的"挂面"（挨揍）。那时的农村家长都是凭老一辈儿的经验，而且因为农活带来的辛劳，父母对子女的教育大都比较简单粗暴，随手拿起树枝棍子就揍一顿的事情是家常便饭。虽然那时总因调皮捣蛋挨了不少揍，但现在回想起来洪琼却也觉得知足快乐。

　　大多数人的童年是在肆意玩耍中度过的，很多很多事情都会随着岁月的流逝而慢慢褪色，但游戏时那种不谙世事的快乐记忆会长留心间，那是率真的、自由的，也是美好的。洪琼短暂绚丽的童年，汇集成一本精美的小册子尘封在记忆中，每每回忆还都是那么活灵活现，让人会心一笑。

3. 成长第一课

每个人的成长过程中都少不了父母的言传身教，最亲近的父母往往最能影响浸润孩童的心灵，影响到他们成长路途中的每一选择。

那天的一切还历历在目。山村的清晨有奇异的美景，一缕缕晨雾飘在湛蓝的天空。在此起彼伏的鸡鸣声中，一抹柔和的阳光透过窗户洒在床头。洪琼睁开睡意蒙眬的双眼，懒洋洋地从床上爬起来。不一会儿，阳光铺满了整个院子。

洪琼边走边揉了揉自己的眼睛，熟练地到院子里洗起了脸，心想今天的阳光可真舒服啊！正当她沉浸在阳光的沐浴中时，突然听到母亲在厨房里的呼唤声："阿花，去摘点菜回来。"她还没跑到厨房便乐呵呵地应道："好。"

很快，小洪琼背上家里为她特意编制的小篮子，兴高采烈地往菜地的方向走去。踏着露珠的痕迹，迎着朝阳的气息，闻着扑鼻的芳香，晨风轻拂着路边的野花。一路上，她走走停停，看看那，摸摸这的，小鸟在树上"叽叽喳喳"闹个不停，仿佛在与她嬉戏玩闹。站在田边，放眼望去，遍野新绿尽收眼底，翠绿的叶子在阳光的照射下散发着一层层黄色光晕，小洪琼还不知怎么去形容这种美好，只觉得好看极了！

　　小洪琼的眼神特别好，在地边就看到茂密的藤上挂着一个小黄瓜，这可把她高兴坏了，田里的瓜果蔬菜对于山里孩子来说就是最好的零食。她立马跳到地里扯下黄瓜，喜滋滋地吃起来。没一会儿，大半根黄瓜已经下肚。她这才想起来今天的任务是摘菜，自己还没开始干活反倒填饱了肚子。便大口把剩下的黄瓜吃掉，急忙放好小菜篮，模仿母亲摘菜的样子开始干活。洪琼知道大青菜不能直接连根拔，而是要一叶叶去采。母亲教过洪琼：摘菜是有技巧的，不仅要看菜叶的色泽，还要听采摘时的声音，嫩绿无虫洞的、声音清脆的最好。如果菜叶发黄或有虫洞也不能浪费，因为每一棵蔬菜都来之不易，都是用汗水浇灌出来的，把它们拿回家喂猪，就是最好的"饲料"。照着母亲的教导，小洪琼很快就把小菜篮装得满满当当，心满意足地踏上了回家的小路。

　　正当小洪琼背着小菜篮满载而归时，她发现不远处若隐若现地闪着微光，好像故事里的神奇宝贝。带着好奇与欣喜，她跑上前察看，完全忘记身后还背着一小筐有分量的菜。咦？好像是一把小梳子，她弯下腰拿起它，仔细端详着眼前这个小物件，它看着应该有大人的手掌大小，没有什么特别之处，但却是崭新的。"或许是谁新买的，不小心掉在这里了。"小洪琼心里这样想着。但她管不了那么多，母亲还在家里等着自己吃午饭，于是拿上小梳子就跑回家里。

　　母亲看着刚到家门口的小洪琼，正打算问她怎么那么晚才回家，还没有开口，就细心地发现小洪琼手里多了把梳子，当即问道："这梳子从哪里拿的？"

"这是我刚刚从回家路上捡的。"

"哪个位置捡的？"母亲又问。

"在我小孃家周围捡的"，小洪琼撇着小嘴看着母亲。

母亲半信半疑，让她立刻去问一问是不是小孃家的。饿着肚子的小洪琼只好把菜篮放下，直奔小孃家。结果让她有点失落，因为梳子并不是小孃的，她只能拿着梳子悻悻地回了家。

看着小洪琼耷拉着小脑袋，母亲似乎已明白一切。但她没有用过多的语言向小洪琼说些什么，而是用实际行动影响着她。母亲拿起小洪琼手里的小梳子，用胶带把它缠在正门旁的窗子上显眼的位置，一方面可以让失主更好认领，另一方面也能用它时刻提醒小洪琼拾金不昧的重要性。行胜于言，这是大多农村父母的真实写照，他们虽无华丽的语言去表达对孩子的爱意或教导，但总是用最有力的行动教给孩子最朴素的道理，让孩子受益终身。

最后，小梳子还是没能找到主人，但这件事情却在小洪琼心里埋下了一颗美好的种子。一把"小梳子"看似微小，却关乎个人操守和品行，母亲的言行在时刻影响着洪琼，窗上那把"小梳子"好似已紧紧地缠到了她的心间，时时刻刻都在警醒着她。无论走到哪里，有没有人监督，她都时刻反思规范自己的行为。不该拿的东西，不会据为己有；不该触碰的底线，不会越过雷池。正如苏轼在《前赤壁赋》中所言："且夫天地之间，物各有主；苟非吾之所有，虽一毫而莫取。"这也让她在成长路上活得更加坦荡踏实。毕竟年少时期的经历，会影响人的一生。

很快，小洪琼就到了上学的年纪。

4.风雨上学路

世上路有千万条，但有一段路，在洪琼心底留下很深的烙印，那就是儿时的上学路，又或者称其为求学路和成长路更为贴切。

90年代，大山里的教育资源稀缺，但孩子相对较多，为了更好地教学，乡村小学推迟了孩子的入学年龄。洪琼8岁才进学校上一年级。她没有上过幼儿园，小山村就是她的乐园。

听着村里的哥哥姐姐背诵着一些新奇的句子，讲着一些学校里的趣事，小洪琼总是听得入迷，每次都缠着他们，希望他们能多讲些。她朦胧地感觉到，在这座群山包围的小山村外面，有一个新奇辽阔的世界，她也想快点上学，去看看外面的世界。

当然，孩子的世界也总是多变的。1997年9月1日，父亲告诉洪琼今天是学校开学的日子，让她收拾一下去学校报到。听到这个消息，洪琼感觉很失落，她告诉父亲自己不想去上学。因为她从心底害怕陌生的学校，害怕再也不能像在家这样无拘无束地玩耍了，想着想着便鼻头一酸，泪水喷涌而出，顺势坐在地上哇哇大哭起来。父亲没说什么，就静静地看着她哭完。看父亲不为所动，她知道没辙了，今天肯定得去学校，就噘着小嘴，带着哭腔去找出了昨天刚掰的甜玉米秆，把它分给了没有上学的小伙伴，并向他们挥手告别。

学校建在另一个村子里，名为落多克小学，是由附近的几个村子集资，加之上级批的资金建成的。教学楼是两层楼房，最初建好时，教学楼是几个村里最好的建筑，学校有 100 多名学生，都是走读生。学校与洪琼家隔着一个小山坡，全程大约两公里。虽不是很远，但得走过一条条蛇形蜿蜒的泥泞小路、翻过一座小山才行。一路上，山间的任何风吹草动、小鸟的啼叫都让她感到十分刺耳，洪琼好似一个泄了气的皮球，没有一点点生气。她还在生父亲的气，就故意与父亲保持一段距离，宣泄着自己的不满。本来半个小时的路程，但却好像走了一天。

到学校后，父亲给她办完手续，就准备离开。她紧紧抱住父亲，红着眼眶不让他走，可是最后父亲还是离开了。她终于忍不住了，心里酸溜溜的，泪水又不听使唤地在眼窝里打转儿。好在孩子的世界总是简单的，洪琼在学校里认识了不少新朋友，丰富多彩的课程也让她满心欢喜。没过两天她就适应并喜欢上了学校生活，那个活泼好动的洪琼又回来了。

自此之后，不管刮风下雨，还是降霜落雪；无论是烈日炎炎，还是冷风习习，洪琼总能坚持按时到校。而这条两公里的上学路，一天下来，要走三个来回，她一走就是五年，风雨无阻。

　　每天清晨，稀落的残星还镶嵌在淡青色的天空中，村庄还在沉睡，洪琼就开始起来洗漱，她不忍心吵醒劳累了一天的父母，总是蹑手蹑脚地完成一系列动作并且能收拾得很快还不落下东西，这是因为她头天晚上便把第二天需要的衣服、书本等收拾得整整齐齐放在床头。这个习惯是洪琼家的传统，从外婆延续到母亲，在她这里继续传承。

　　不一会儿工夫，家里的鸡打起了鸣。洪琼知道时间差不多了，迅速背上自己的小书包去村口与小伙伴会合，一起去上学。天空在此刻呈现出淡淡的蓝色，微微泛着朝霞的光彩，太阳还没升起，但已经能感受到它的温暖和光芒，微风轻轻拂过，带来了田野的清新和花香。上学的路上总是很赶，与其说她们是走路，不如说是小跑去学校。中午放学后，伙伴们又约定在校门口集合，一起回家吃午饭。不过，他们总赶不上家里的饭点。因为村里人大都早早出去干活，通常会在上午十点左右回家吃饭，之后又出去接着干活。那个时候还没有电饭煲这类电器，父母就留下一部分饭菜在大灶门口，利用灶火的余热来保温。有时洪琼回到家太晚或是那天的灶火太小，她便只能吃冷饭冷菜。但这对于上了一上午课又走了一个钟头的饥肠辘辘的洪琼来说，这些饭菜便是人间美味。狼吞虎咽地吃完她又急忙跑回村口集合，等伙伴们到齐又你追我赶地前往学校，欢快得像一群小鸭子。

　　到了学校，离上课还有一段时间，看着同学们在操场跳皮筋、踢毽子、丢手绢、抓石子……洪琼也心痒痒，想立马加入进去，但她还有作业没做完，便只好先回教室写作业。那时农村孩子的作业，基本都是自己完成，父母多忙于农活没时间辅导，再者他们有限的文化水平也难以辅导越来越大的孩子。洪琼父母也不例外，他们很少管洪琼学习上的事情，最多问一句"作业写完没？"而写作业于洪琼而言是一件枯燥的事情，她常常写不完作业，但奇怪的是她总能在考试中取得好成绩。她正专心地写着"小字"（即在小楷本上一个字抄一行），突然抬头望向四周，教室里空荡荡的，只有洪琼一个人。体内的好动因子悄然苏醒，洪琼在纸上随意涂写了几行字，但随即一个念头闪过脑海：即便争分夺秒，到上课前也难以完成这份作业。想到这里，小洪琼不由自主地放下笔，决定顺应内心的呼唤，走出教室，加入到外面跳皮筋的队伍中，尽情享受这份难得的欢乐时光。玩耍的时间总是短暂的，很快上课铃响了，同学们一窝蜂地跑进各自的教室，洪琼刚坐定，就见老师拿着一根细柳条走进教室。老师放下课本，手上晃悠着细柳条，神色犀利地看着同学们说道："没完成作业的站起来。"洪琼被老师的阵势给吓到了，悻悻地站了起来，她害怕极了，周围零星站着的同学你看看我，我看看你，沉默地低下了头。老师用生气的语气突然发话："你们出列，往讲台上站成一排。"洪琼在同学中间站着，看着老师的细柳条打在前面同学的手掌上，吓得手心全是汗。轮到洪琼了，她慢慢地抬起手掌。一下、两下，一共十下，打得洪琼脸上的表情扭曲成一团，

安居村

手心火辣辣地疼，眼泪在眼眶打转。从此以后，洪琼再也不敢丢下作业跑去玩了。

　　小孩子心里往往没有过不去的事儿，放学之后洪琼很快就忘了被打手心的痛，和伙伴们你追我赶，山间回荡着孩子们的欢声笑语。回到家的洪琼看父母不在家，立马熟练地做起了一家人的晚饭，还在这个间隙去村口田里割回来一篮子猪草，等一切都安排妥当，小伙伴也差不多来喊洪琼去上晚自习了，她还没来得及吃晚饭，便匆匆出了门。

　　一般晚自习都上到九点左右，此时天早已黑透，月亮像一颗珍珠镶嵌在天上，月光像一匹轻柔的薄纱，笼罩在这个小山村上，整个村庄都沐浴在柔和的月光里。夜空的星星在山野中显得异常明亮，照亮孩子们回家的路。在夜晚最让洪琼和小伙伴们恐惧的是在半山腰的一段路，不仅是因为这段路草木茂盛，周围高大的树木如同一双双黑翼，遮住了光亮，还因为有大片大片的坟墓在小路两旁林立，一有风吹草动，虫鸟鸣叫，她们就担心坟墓里会爬出人来。于是，稍大一点的小伙伴就提议两人一组挽着手，借着手电筒的微光慢慢前行，洪琼和其中一个小伙伴打头。有时她们选择走另一条更崎岖但坟头少的道路。鬼魂、骷髅终究还是在小孩子的幻想中，但草丛中却实实在在地爬出好几条长长的大蛇。它们或是匆匆划过道路，或是蜿蜒盘旋在道路中间，挡住回家或上学的路。听家长说蛇害怕吐沫，她们就牢记父母的教诲，远远地拿起石头向蛇扔去，并向蛇吐吐沫。蛇被惊走后，大家就如同受惊的兔子，跑得飞快。

月光将银灰的光洒在小山村中，洪琼终于到家了。此时，在田地里劳累了一天的父母早已睡下，她独自吃完晚饭，收拾完后，开始进入梦乡，憧憬着明天的到来。她希望自己快快长大，就能到更远的世界看一看。

夏季不仅是雷雨高发的季节，也是蛇虫频繁活动的季节。云南基本属亚热带季风气候，有四季如春的美名在外，但夏季还是较为闷热，尤其是洪琼家在半山腰，天气也更为阴晴不定，雷雨来去匆匆。上一秒还在艳阳高照，下一秒便暴雨倾盆。这"乃此地之常，非偶然也"。

有时淅淅沥沥的小雨一下就是好几天。星期一天还没亮，洪琼就蹑手蹑脚地准备起床，爸爸听着窗外的雨声，急忙叫住洪琼："那么大的雨，泥滑烂路的，别去了，等雨停了再去。"小山村的雨季，仿佛是大自然对人们设下的层层考验。连绵的雨水与松软的泥土交织，小路在人与牛马的不断轮换踩踏下，已逐渐失去了往日的坚实，变得如同一片片微型的水田，泛着湿润的光泽。大大小小、深浅不一的泥坑如同自然界的沼泽。即便是力大无穷的牲口，在这样的道路上也显得步履维艰，更别说是孩童了。家里又没有雨鞋和雨伞。听着爸爸命令似的话语，洪琼坚决地应道："不！"她迅速起床，穿好衣服，洗漱好，从书包里拿出叠得整整齐齐的塑料雨披，这是小山村里每个上学孩子必带的雨具，说是雨具，它就是化肥袋改制的，化肥袋有两层，外包装叫蛇皮口袋，里面的是塑料薄膜，洪琼的雨披就是用这两层改制的。她急急忙忙挎上母亲用布缝制的书包，卷起裤腿，披上塑料雨披，到村口与小伙伴们会合，而父亲则在身后喋喋不休："喊你不要去了说！"但洪琼全然不听，直奔村口。

天空好似一块灰幕遮住了视线，整个山村笼罩在灰蒙蒙的雨雾中。洪琼到村口后发现，本来应该有十多个小伙伴，结果只来了八九个人。大家猜想他们不会来了，为了不迟到，她们只好先行出发去学校。

她们两人一组手牵着手，深一脚浅一脚往前走着。有的路段泥巴就有半个脚深，鞋子陷在泥里拔都拔不出来，这时伙伴们就用力地拉一下对方，他们就这样互相搀扶往前走着。伙伴们穿的都是自己母亲缝制的塑料胶底鞋，披的都是用化肥袋改制的雨披，不太能抵挡风雨，没走出去多远，身上大部分地方就变得湿漉漉的，但大家都把装书本的口袋护得好好的，身上哪儿都可以湿，书本决不能湿。他们每走一步鞋子还会发出咕叽咕叽的奇怪声音，大腿以下几乎都被稀泥裹满，这让这个上学小队伍近乎龟速前行。

再泥泞湿滑的路，只要坚持就能走完。到了学校，大家都像下饺子一样跳到学校边上的水渠里，双脚使劲地踩，双手往裤腿上浇水，把鞋子和裤腿的稀泥洗干净了才陆续走进教室。洪琼把自己的塑料雨披挂在窗户边，迅速坐到座位上，庆幸自己的书本没被淋湿。

时光飞逝，转眼到了中午放学时间。洪琼拿上塑料雨披和小伙伴们又踏上了泥泞湿滑的回家路。群山环抱之中，正值农忙盛景，一幅热火朝天的劳作画卷缓缓展开。男人们挥汗如雨，一声声嘹亮的吆喝声穿云裂石，引领着耕牛在田间翻耕，泥土翻涌，希望的种子即将播撒。女人们则如同勤劳的小蜜蜂，穿梭在秧苗之间，轻巧的手指将嫩绿的秧苗插入泥土，它们将在这片土地上生根发芽。她们的忙碌身影与田园风光融为一体，构成了一幅温馨又和谐的画面。而在这宁静与繁忙交织的旋律中，远处传来了阵阵蛙鸣，"呱……呱……呱……"仿佛是大自然的乐手，为这幅农忙图景添上了生动的一笔。这蛙声，清脆悦耳，回荡在山间。

岁月悠悠。幼小的洪琼和家人、伙伴们一起见证了生活的艰辛，独立自主的生活让自强、自立的坚韧品格在洪琼的身上初显，倔强的性格也让长大后的她在面对困难、身处逆境时更懂得迎难而上。

时光匆匆如流水，但有些记忆却永存心间。这条既承载欢乐又偶尔充满风雨的上学路是洪琼记忆图册中绚丽的一页。

5.校园那些事

小学的时光在洪琼的生命里是一个别样的存在，这是她最后一段时间和同龄人一样，在平凡的日子里成长，享受着无忧无虑的童年，肆意地奔跑。

偷偷去"跳戏"

洪琼四年级时，落多克小学组织了一次儿童节表演活动，每个班级选几名学生去舞蹈汇演，洪琼知道了这个消息十分激动，她也想在舞台上大放异彩。于是她在选拔时积极地表现，并如愿入选汇演小组。罗平的秋天细雨如织，连绵不绝，对旅人来说这是烂漫柔美的，但对上学回家的孩子们却是极糟心的。泥泞的小路迫使孩子们放慢了回家的步伐，但这天回家的路对洪琼来说格外美，因为她是四个小伙伴中唯一一个入选跳舞小队的。一路

杨洪琼的家

上，她完全忘却脚下是泥泞的土路，又蹦又跳地赶回家。

"妈，快点煮饭给我吃，我要去'跳戏'（跳舞）"，洪琼进门开心地看着母亲。

"不许去，下雨回来满身的泥巴，脏死"，母亲看着下半身湿透，全身溅满泥点子的洪琼，生气地说道。

"我就要去，不管下什么我都要去"，她仰着头直愣愣地盯着母亲，看母亲不理自己，她也耷拉着脑袋默不作声地去帮忙做饭。吃饭时洪琼不像平时叽叽喳喳说个不停，只是低头大口大口地吃饭。等父母吃完，才发现家里早已没有洪琼的踪影，料定她是去"跳戏"了。看着屋外绵绵小雨，院外满是泥泞的小路，母亲不免担心起来，但也无可奈何，毕竟她知道女儿的性子，洪琼对于自己选择的事情从不敷衍，总是迎难而上，拼尽力气做好。

夜色渐浓，秋雨渐歇，晚上九点钟，大山深处静得出奇，母亲焦急地在家等待着洪琼，边烤火边时不时看向门口。父亲看出了她的心事，便提出去学校接洪琼，正打算出门时，母亲看到了不远处手电筒射出的灯光。灯光越来越近，母亲看清是洪琼，心里的石头也才落下。

母亲又心疼又生气地对洪琼说道："下次不许偷跑，去哪儿之前要和我们说一声。"洪琼连连点头："那我要去跳戏。""跳，跳，但去哪儿要说"，父亲在一旁连忙打圆场。洪琼看了看旁边一言不发的母亲，又瞥见父亲给她使出的眼色，她明白当下最好赶紧开溜，不然等母亲反应过来，免不得又要挨一顿骂。于是立马应道："好！我下次一定提前说！"然后一溜烟儿地跑去洗漱了。

快乐的日子总是流逝得很快，经过了一周紧张而充实的排练，汇报表演如期而至。洪琼在舞台上跳着练习了许久的舞步，舞台上的女孩专注而又可爱，甚至没有注意到母亲正在观众席中紧紧注视着自己。

"这个姑娘是谁家的？跳得怪好。"

"杨龙德家的。"

"他家还有这么好瞧的姑娘？他长得那么黑。"

洪琼母亲在台下听着二人的对话是哭笑不得，但她也没去辩驳，只是认真地看着这个倔强的小女孩在台上展示着自己这些天以来努力的成果，心里十分自豪。母亲并不擅长表达自己的想法，不习惯把夸奖挂在嘴边，像许多家长一样，她总是默默守护支持着自己的孩子。

中国大多数父母往往不善于表达自己对于孩子的鼓励与爱意，他们认为骄兵必败，总觉得夸得多小孩便会"飘飘然"。洪琼父母也是如此。小洪琼知道父母的良苦用心，但毕竟孩子总是渴望着来自父母的鼓励和夸奖，以至于在后来的人生中，洪琼都在不断地向父母证明自己的能力。

被针刺股，反抗霸凌

爱玩是孩子的天性。到学校早的话，洪琼和小伙伴们便会抓紧时间玩闹一会儿，直到老师踏进教室，他们才像老鼠见了猫似的，一个个安静下来。

有天中午，洪琼正坐在长凳上聚精会神地看着同桌和同学玩"东南西北"的折纸游戏，突然感觉屁股上被什么东西刺了一下，便本能地大喊一声"啊"。她立马转头去看，斜后方的女同学无辜地摇了摇头。

洪琼又低头看了看后桌底，只见一个男生正蹲在桌下对着自己露出挑衅的笑，他那黑红的大脚拇指，从泛黄的解放鞋中探了出来，仔细一看他手里还拿着一根细长的小针。洪琼明白了，又是这个男生在作怪。得逞后的他缓缓站了起来，双手叉腰得意地俯视着洪琼，把洪琼气得牙痒痒。

他是班里有名的小霸王，同学都不敢惹，老师也不太管他。上课时，他经常不认真听课，无聊了就玩一玩洪琼的头发，踢一踢她的凳子，还给她背上贴上各种搞怪的图案，弄得洪琼时常在同学面前出糗。但迫于他的威势，只好每次转过头死死地瞪他一眼，心想怎会有如此讨厌的人呢？

这个男同学最喜欢在上课时捉弄她，弄得她不能专心听讲，但她却不敢告诉老师。洪琼只在课后郑重地警告过男生好多次，但他早已习惯，不为所动。无数次气得她忍不住想动手与他比画比画，但是两人实力悬殊，这个男孩身形高大壮硕，班里不少同学都惧怕他，洪琼不敢贸然动手，只能心里叫苦不迭。

这一次，洪琼没有死瞪他，同桌和其他同学也不知道发生了什么，只见洪琼愤怒地踏上凳子，踩着课桌冲出教室，她不知道该如何发泄自己心中的委屈和愤怒，只想着逃离这个让人生气的地方，没想到刚跑到走廊尽头便碰到了正在专心看书的校长。

校长显然被这个径直奔向自己的学生吓了一大跳，还未来得及合上书，就看到一个双眼通红的女孩气喘吁吁地冲到了自己跟前。校长是位40岁出头的中年男性，平时衣着朴素、说话一丝不苟，一双炯炯有神的大眼睛总是闪烁着严厉的目光。学生们都很尊敬这位严肃的校长，但也都发自内心地惧怕他，洪琼也不例外。在此之前她从未敢和校长说话，兴许是愤怒给了她力量，她直接冲到校长面前，还不等校长开口，便流着泪委屈地说道："校长，我们班男生拿针戳我。"校长露出严厉的表情，问道："他在哪儿？"洪琼答："在教室。"校长放下书，起身往洪琼教室走去，洪琼紧紧跟在校长身后。教室里同学们还在玩着"东南西北"，见校长来到教室，大家突然安静了下来。校长问洪琼是哪个，洪琼指了指男同学。校长走到男同学身旁，问道："你为什么要用针戳她？"男生缄口不言，或许是被校长铁青的脸色吓到了，他的眼泪扯成一条线从眼窝里流了下来。教室里安静得好像空气凝结了一样，毫无声响。没一会儿，校长的一席话打破了现场的宁静。

"同学们，孔子说过这样一句话'人非圣贤，孰能无过？过而能改，善莫大焉'，意思是说人不是圣贤，都会犯一些这样或那样的错，如果犯错了能改正，就是最好的了。今天这位同学犯的错误确实可气，但只要勇于承认错误并改正就是好学生，你们说对不对？"同学们异口同声地喊出"对"。小男孩不好意思地挠了挠头，在校长和大家的见证下，主动向洪琼道了歉，承认了错误。当然，男生还被罚服务同学一周，自此以后，他的气焰逐渐消失，也很少再惹洪琼了。

这件事即便今天回想起来，还是让洪琼又气又好笑，也让她明白了面对比自己强大的力量时，要学会"折冲御侮"，相信自己远比想象的更加强大，才能在合适的时机勇于反抗，让一切困难变成纸老虎。

一衣两说

一晃就到了六年级，洪琼到了更远的地方上学——罗平县钟山乡中心完小。这所学校是钟山乡最好的小学，距离洪琼家有两小时的路程。

　　早上六点半，天空中还残留着点点星光，雾气茫茫，庭院里的矮树丛乌乌一片，在白雾里若隐若现。洪琼和母亲踏上了通往中心完小的山路。两个小时后，她将正式转学到钟山乡中心完小。那里每天能准时吃上一日三餐，各科都有单独的老师，还有各种体育和音乐器材——这在她之前的村小都是奢望。

　　新学期新地方，为了鼓励洪琼更好地学习，母亲给她买了一件牛仔外套和一个双肩包，牛仔外套是那种常见的款式，胸前有两个口袋，上面有鲜艳的印花，在阳光下会透出深蓝色的光。小伙伴儿来找她玩，她立马亮出了自己的新衣服和新书包，因为这可是她今年的第一件新衣和第一个新书包。

　　在安居村，洪琼家的生活条件算是相对好的，但是这种条件也是父母省吃俭用一点点攒下来的。自从住校后，洪琼每个星期的生活费是10元，每周日下午到校后，立马去排队买饭票，8毛1张，1周9张，除去饭票钱，洪琼一周的零用钱还剩两块8毛钱，很多时候因为买文具或别的提前花了钱，就会没钱吃早点，只能硬挨到午饭时间。衣服也只有过年过节才可能会添置，平日里衣服裤子破了，母亲就用那台曾是嫁妆的古董缝纫机给缝一缝、补一补，就可以继续凑合着穿了。直到实在无法缝补，也不舍得丢掉，母亲总会裁剪下来作为纳鞋的材料。母亲自己更不用说，她一直穿着结婚前的衣服，很少舍得给自己添置一两件新衣。

　　随着时间流逝，牛仔外套开始慢慢地褪色、发白，颜色也由深蓝变成了浅蓝，但只要在学校，洪琼都会穿着它，因为这是她唯一一件还算看得过去的衣服。三月，冬的寒意还未全消，校园里的柳枝刚刚吐出一簇簇嫩绿的新芽。洪琼和一个女同学从食堂吃饭出来，她仍然穿着那件褪色的牛仔外套，身旁的女同学则扎着高高的马尾辫，穿着刚买的新衣服，两人在一起一旧一新有着鲜明对比。她们兴高采烈地谈论着一些学校的趣事，突然不知怎的，女同学带着好奇的眼神看着洪琼说道："你咋会每周都穿同一件衣服呢？"洪琼愣了愣，脸瞬间涨得通红，一时竟不知该说些什么，她知道女同学并无恶意，但是听到这句让人窘迫的话，洪琼的内心多少还是有些受伤。正逐渐步入青春期的女孩，自尊心也在不断变强。此刻的她恨不得在地上找条地缝钻进去，她不敢看女同学的眼睛，只是看着别处尴尬地回应道："我有两件一模一样的衣服！"

　　女同学似乎也相信了洪琼的说辞，但两人间仍旧尴尬地沉默着，洪琼只想快速回到教室，酸涩的感觉一阵阵涌上心头，却又在抵达眼眶的时候给生生压回去了，她不想让别人看到自己的脆弱。但一想到母亲平日里的教导，"要学会勤俭节约，不比吃穿，比学习"，她便释怀了不少，慢慢也学会了坦然地面对这些，决心要像父母一样勤勤恳恳地去改变自己的生活。

　　她记得农闲时，母亲不像村里其他人一样喜欢串门，而是常常独自坐在院子里晒着太阳做些针线活。自己和弟弟则绕着母亲在院子里打闹，累了就坐在母亲身边，听母亲讲述一些往事。尤其是母亲说开荒的事情，她现在还记忆犹新。

"当初我和你爸结婚时，分到的地特别少，我俩就去开荒，才没有饿到。"洪琼父母结婚时，由于两边的兄弟姐妹众多，分到的田地糊口都成问题，好在他们分到的山地紧挨着一片荒山，夫妻二人便一有时间就去开荒，可以说粮食都是他们在石头缝里一锄一锄刨出来的。荒地第一年种植起来非常辛苦，但好在土地不会说谎，一分耕耘一分收获是土地给他们的希望，它会真诚地报答每一分付出。这也才让洪琼家慢慢有了余粮，生活也才渐渐好起来。

安居村在半山腰，地都在山坡上，很少有人家种植水稻，但苞谷、洋芋却很多。在洪琼的记忆中，苞谷饭充斥在家家户户的一日两餐，极少数时候还会把苞谷饭和大米掺杂在一起，洪琼并不喜欢又粗又干又散的苞谷饭，满嘴乱跑还塞牙缝，一不小心还会噎脖子。尤其是在冬天时，蔬菜缺乏或品种单一，大多时候家里只有一碗没有油水的豆花煮白菜，每次的饭菜都让她难以下咽。因此，有那么一段时光，洪琼时常留下剩饭，而母亲见状，便会温柔地讲述起自己儿时的艰辛岁月，那时连一碗玉米饭都是奢望，食不果腹的日子深深烙印在心头。母亲的话语如同细雨润物，让洪琼心生愧疚，不由自主地将碗中的饭菜吃得一干二净，连一粒米都不舍得剩下。这样的经历，悄然间在她心中种下了珍惜与感恩的种子，让她自幼便深刻体会到生活的艰辛与不易，学会了更加珍惜眼前的每一份食物与每一份拥有。

洪琼后来能够有一个良好的心态走上奥运赛场，恐怕也是因为她童年受到了父母的影响。他们身体力行地告诉孩子坦然地面对贫穷、接受贫穷、学会改变贫穷。洪琼的人生底色是阳光，这有很大一部分得益于父母给她的人生涂上了温暖的彩色。此时的洪琼如一株蓬勃生长的龙女花，正积蓄力量，静待花开。

在这样贫穷却快乐的日子里，她也曾无数次憧憬着自己的美好未来，没想到一次意外却彻底改变了她的人生轨迹。

第二章　少年劫变

1.山途厄难生

命运的巨变，总发生在平凡的一天。

"田家少闲月，五月人倍忙。"农忙时节，在洪琼家的小山村，随处可见村民在田间地头忙碌的身影。此时，就读六年级的洪琼和伙伴虽然面临升学压力，但放假回家仍旧自觉地投入到了家里农活中。

有的伙伴早早就牵上自家马儿、赶着牛群上山去；有的抬上锄头和父母去地里挖地，常常挖得是满手水泡，一碰就疼；有的背上比自己腰板还宽大的背篓和伙伴一起上山找猪草，有时割到手回家用张蜘蛛网糊上就完事儿。洪琼则是在发小的邀约下，拿起砍刀就往山里砍柴去。

早先村里没有电，没有液化气，多是柴禾玉米秆，家家户户烧煮全依赖柴火灶，一个柴火灶可以说是家里的标配。烧起旺旺的柴火，往柴火灶里埋几个土豆或者红薯，刨出来时散发着诱人的香味，这是洪琼对老家的一份特殊回忆。

乡村人家一闲下来便去山上砍柴，若谁家里堆的柴又多又好，还会被夸赞。每到周末或者寒暑假，村里孩子们经常相约一起上山砍柴，这对他们来说是再平常不过的事情。然而，就是在这平常一天，一场人生巨变正在悄然靠近，彻底改变了洪琼一生

安居村附近高山

的轨迹。

这天吃过早饭，洪琼写完作业后就在院子里"惹是生非"，这边刚撵完小鸡，那边又开始逗逗小狗。母亲看她一直在玩闹便说道："要真闲得没事，你就去砍柴嘛。"洪琼被母亲说得有些不高兴了，正巧发小和她弟弟来约她一起砍柴，她这才心甘情愿地准备砍柴，毕竟有小伙伴的陪伴，再辛苦的时间也能愉快度过。

她火速穿上胶底鞋，这是母亲特制的，干活耐磨又防滑，套了件更破旧的衣服，拿上砍刀，整装待发。发小提醒她太阳毒辣，得带着水才行，她便找了个矿泉水瓶灌上大半瓶井水，清澈的井水在发黄的瓶子里叮咚作响，好似在为他们吹响出发的号角。一切准备就绪，砍柴小队正式向大山深处进发。

正值五月晌午，太阳像一团火，晒在河面上，连流动着的河水都给晒得热气蒸人。洪琼一行三人也没个帽子可戴，便在路边随手摘了几片宽大的油桐叶当作帽子遮挡炙热的太阳，他们在山间小路上玩闹，笑声和尖叫声此起彼伏，稚嫩的脸庞上洋溢着快乐。

砍柴的地方在村子对面的半山腰，三人走了近二十分钟才到达。由于村里人常年砍树，这半山腰基本没有特别粗大的树，剩下都是些有两个手指粗细的小树苗，这对洪琼她们来说却是正好。小孩子的体力有限，山路崎岖，粗壮的树枝反倒是一种负担。

在砍了几捆小柴后，洪琼有些不满足了，她看到陡坡下有一个高高的山崖，几棵相对粗壮的树倚崖而居。洪琼不顾伙伴的劝阻，毅然决然朝着杂草深处走下去，再顺着山崖小缝一点点往下爬。这山崖因地势原因少有人上，洪琼下去后还一直喊发小，但发小一看山崖就腿软，迟迟不敢上前。洪琼低头往下一望，这才发觉自己所处的地方着实不太安全，又陡又高。她只顾着那几根粗壮的树枝，回过神来只觉得双腿发软。不一会儿，她看发小走了，便顾不上那几棵粗壮的树枝，害怕地也赶紧原路返回了。"这也许就是厄运的前兆吧"，后来洪琼在回忆那一天时感慨道。

从崖壁爬上来后，发小姐弟俩已经到对面的山上了，洪琼则不慌不忙在荒石山上歇脚，她发现周围有好多大小均匀的小石子，便开始捡了装进自己喝空的水瓶，心想等收假又有许多新石子可以玩了，因为当时在学校大家都在玩"抓石子"。洪琼捡了小半瓶，便晃荡着瓶子跑去找发小继续砍柴。

大家砍得差不多了，就开始一起扯一种藤蔓植物，用它把柴捆成小捆以便背回家。这种藤蔓生命力很强，却在各个缝隙和树枝枝叶上攀附着。当然，上面有时也会躲着些毛毛虫，它们一旦接触到人的皮肤，就会让人又痒又疼，皮肤就像被灼烧一样。不过嘛，洪琼他们也是经验丰富的小砍柴人了，遇到这种被扎的情况，她们就迅速把被扎的手，用力地往头上搓，从而让头发搓去毛毛虫的"小刺"。

　　由于他们砍的柴较多，差不多每人三捆，一次肯定运不回家，便一次背一捆。积年累月地劳动，让这些年纪不大的孩子早已习惯了辛苦，大汗淋漓，却没有一个人叫苦叫累。不过，热倒是真热，在背最后一捆柴的路上，洪琼看到半山腰的崖上有一棵棕榈树，便想着去砍些叶子来做成小扇子，扇一扇风，让自己和伙伴凉快凉快，余下的还能拿回家做成扫帚，越想心里越美。她也是敢想敢干，笑眯眯地对发小姐弟说道："你们在这儿等我，我下去砍些棕叶来扇风，一会分你们。"

　　不幸的是，厄运降临在了洪琼身上。

　　她走出去没几步，踩在了松动的石头上，重重地滚了下去，松动的石头也随之滚落，不偏不倚狠狠地砸到了她的后背上。小坡上草木蒙密，可惜都是些脆弱的野草，根本拦不住向下滚落的石头，更别说一个花季少女，在往下滚的那几秒钟，洪琼脑子一片空白，心想以前做梦踩空跌入深渊的感觉大抵如此吧。幸运的是，在快跌落到谷底时，她被藤蔓往上担了一下，让她有了一个缓冲，掉落到灌木丛里。她定了定神，试图爬起来，但两条腿直直地伸着使不上一点力气，甚至感觉不到腿的存在。脚上只有一只鞋，另一只不知道掉哪儿去了，她吓坏了，使劲儿掐了下大腿，可是感觉不到一丝疼痛。

　　发小见状，急忙绕过山腰，跑了很远才找到一条小路来到洪琼身边，一路上她的心提到了嗓子眼。弟弟则跑回家喊大人。到了坡下，发小见洪琼哭得是一把眼泪一把鼻涕的，头发上还有山坡上的泥土，衣服也被划破几处，一只鞋上沾满泥土，另一只找不到了，她便心疼地安慰着。没想到洪琼开口说的第一句话是："千万别告诉我妈，我从上面跌下来。"可能平时母亲对洪琼比较严厉，所以她现在想到的第一件事居然不是疼痛，而是隐瞒。

洪琼的哭声引来了在不远处干活的村里一位爷爷，他大概了解情况后问洪琼："小花，现在感觉哪里疼？""不疼，就是我的腿好像没有知觉了。"洪琼带着哭腔说道。说罢，爷爷忙背上洪琼往村里赶，到村口时，遇到了正在前来找洪琼的母亲和叔叔。母亲见状连忙问怎么回事，洪琼委屈巴巴地说："我没有腿了。"之后，叔叔从爷爷身上把洪琼接过来背回家。后来，洪琼一家一直记得这个爷爷的恩情，每次过年过节回罗平老家都会亲自登门看望。

傍晚，洪琼的一个发小跑去舅舅家报信，舅舅们便来家里看看情况。此时母亲还以为洪琼只是摔着了，并不严重。其中一位舅舅见洪琼的情况，又气又心疼地说："得赶紧送医院去，这样下去得耽误花儿啊。"好巧不巧，洪琼父亲几天前就去贵州贩卖地膜了，那时的农村还没有手机，联系不上洪琼父亲，便只能靠舅舅伯伯们把她送往医院。当时村里还不通公路，与外界相连的只有一条蜿蜒的崎岖小路，有五公里左右，舅舅伯伯们一路上轮换着背洪琼，到可以坐车的地方，便慌忙地包了一辆车，连夜赶往县医院。母亲后来回忆说："好在还有小花的舅舅伯伯们，不然当时可真不知道该怎么办。"

　　到医院时已经是凌晨，大家把洪琼放凳子上坐着，便赶紧去找医生过来看。医生听完情况后，便大声呵斥洪琼家人："你们怎么能让病人坐着，快把她放平躺着。"如今洪琼也在想，如果当时把她平躺送到医院，没有造成二次伤害，那结果会不会不一样。"但世界上哪里有那么多的如果呀"，洪琼又总是这样安慰自己。

　　到医院已经几天了，父亲杨龙德还在贵州的一个寨子里，对家里发生的事一无所知。舅舅们出发后托村里人专程去贵州告知他洪琼出事的消息。安居村属钟山乡，位于滇桂黔三省（区）接合部，因此贵州离洪琼家不远，距离十公里左右，脚程3个多小时，村里人赶街贩卖东西都是到贵州的街上。周六是赶街天，杨龙德跑了几个贵州的村寨，收购了一批地膜，本打算周六在街上能卖个好价钱。不承想，周六这天上午，他还没来得及坐上开往集市的车，一个同村人匆匆忙忙找到他说洪琼出事了，得赶紧回去，现在孩子还在县医院，情况未知。

　　他的心咯噔一下，不敢多想，把地膜寄在寨子里便立马赶往县医院。二三十公里的山路，弯弯曲曲，正午日头又毒得厉害，像把火伞撑在头顶，风刮到身上，也是热辣辣的灼人。杨龙德汗如雨下，全身的衣服被黏糊糊的汗液浸湿，大颗大颗的汗珠正从额头渗出，但他顾不得擦汗，4个小时的路水都没喝上一口，一路未停直奔向医院。

　　推开病房门的一瞬，他发现女儿和妻子正看向自己，当他走到病床旁，妻子立马抱住他，嚎啕大哭了起来，洪琼躺在床上也在不停地抽泣。她们知道家里的顶梁柱来了便有了依靠。杨龙德在心里无比悲痛，但他只能强忍着情绪安慰妻女，作为父亲和丈夫，他知道，这个时候一定要表现得镇定才能让妻女稍微安心一些。

杨龙德在抚平妻女的情绪后，悄悄问了医生女儿的情况，医生说洪琼伤到了脊髓，做了手术可能还会有站起来的希望，不做手术便无任何可能。得知接下来的手术费用不菲，杨龙德心里想着就算砸锅卖铁也得把女儿治好。但家里没有存款，仅凭一些粮食也根本卖不出多少钱，村里人情况都差不多，哪里能凑够这一大笔费用。他正在为手术费发愁时，洪琼的几个舅舅把钱凑足了送到医院。"要是换了其他家说不定就不医了，全靠小花的舅舅们出力呀！"至今杨龙德每每回忆起来都是感慨万分。

当时正值五月农忙时节，家家户户都在地里忙活。时令有周期，若没有赶上时令，错过了时机，可能会误一季庄稼。因此，杨龙德与妻子商议后，决定自己先回家照顾庄稼和牲口，留妻子在医院照顾女儿，自己一周来送一次治疗费用。回家后，他扛着锄头到自家地里，见洪琼舅舅们正在地里干得起劲，他心里有说不出的感动。舅舅们心疼小花，也知道他们如今的难处，自愿又出钱又出力，累了一天连饭都不吃便各回各家。正是家中亲人们相互扶持帮助，洪琼才能在医院安心治病。这件事洪琼一家也一直铭记于心。

2. 在医院的日子

空气中充斥着消毒水的味道，楼梯间不时传来母亲隐忍地啜泣，天花板的风扇不停地转动着，隔壁的病床空了又住上人，这是洪琼记忆里的医院。尽管已时隔近 20 年，洪琼依旧清晰记得在医院里发生过的一幕幕，一切仿佛就在昨日。

原本活泼爱动的少女只能终日躺在病床上，睁大眼睛看着刚熟悉不久的病友一批又一批地出院，自己却做了两次手术仍旧无法坐立，大小便失禁，身上插着尿管，尿管的一端连着尿袋，尿袋挂在床边。连翻个身都要母亲去找护士来帮忙。刚开始，她还跟母亲说："自己在医院耽误了学习进度，等回学校估计得留级了，到时候自己就没伴儿了。"母亲安慰道："不会的，同学之间玩着玩着就熟了嘛。"母亲在洪琼面前总是表现得乐观积极，但洪琼知道，母亲常常在楼梯间抽泣。母亲在外面哭，洪琼在病床上哭。

一天上午，护士来查房，一掀开洪琼的被子，一股恶臭扑鼻而来，洪琼满身的大便，床单、被子上到处都是，腿上还有个鸡蛋大的水泡，看到在楼道里哭泣的洪琼母亲，便立马斥责她："你看看你，一天到晚只会哭，你看看你姑娘的床上，像什么样，腿上的水泡是怎么回事？"母亲回想说道："昨晚给闺女洗脚的时候，水有点烫，但水温是自己的手能适应的温度。"护士一听就急了，生气地说："怎么能用你的手去量水温，你的手有老茧，她的腿那么嫩。"母亲委屈地看着护士，再看看女儿："我想着用热水刺激一下，会不会有点反应。"母亲的一番言论让护士很是无奈，她换上干净的床单被套后，再次嘱咐："再也不能用热水给她烫脚了，伤口感染了很麻烦的。"母亲连连点头，开始一言不发，默默地给女儿擦洗，看着女儿腿上亮汪汪的水泡，眼泪又夺眶而出。洪琼看着母亲自责的样子很是心疼，向母亲保证以后再也不会爬高上坎了，安慰说："妈，你别难过，我治一段时间就好啦，你这样天天哭，把身体哭垮了，哪个来照顾我啊。"

此时，洪琼还不懂，人生中有些错误只能犯一次，而且永远没有机会去改正或弥补。直到今天她才明白，那或许是上天为磨炼她而设的谜语，而答案需要她用后半生去追寻。

在医院里，她遇到了许多友善的人，白发奶奶就是其中一位。洪琼忘记了白发奶奶得的是什么病，只记得是一位十分慈祥的老人，头发梳得十分认真，没有一丝凌乱，她的笑容如春风般和煦，慈祥的目光让人感到十分温暖。白发奶奶经常给洪琼讲一些有趣的故事，有时还会分享一些自己带来的面包。后来，白发奶奶出院了，洪琼会时常想起她，也会想念柔软的面包。她便随口和母亲提了一句，本以为母亲不会放在心上，没承想不识字的母亲却在午后跑遍了大半个县城为自己买面包。虽然最后没能找到一模一样地回来，但洪琼还是吃得很香，眼睛里流露出笑意与满足。

一天上午护士查完房，洪琼一只手打着吊瓶，另一只手摸到一根软软的东西，歪着脑袋一看，是尿管，平时都是母亲负责放尿。护士曾交代过：病人下半身没有知觉，感知不到尿意，每两三个小时就要放一次尿。洪琼见尿管的中间有个开关，用力一按，一股暖流划过手指，看着淡黄色的液体随着尿管流到尿袋，洪琼觉得很神奇。往后的几天，洪琼一没事就摆弄着尿管开关，母亲无意间看到后立马制止，并耐心地跟她说："医生说尿管的开关不能随时打开，不然以后影响康复。"

在洪琼临出院时，母亲还做了一件啼笑皆非的事情，如今洪琼回想起来也是满腹的心疼与心酸。做完手术在医院治了一个半月，不见起色，而每天的开销像流水一样，何况此时家里已经负债累累。一天，医生在楼道里跟母亲说："你们挣点钱也不容易，她这个情况只能回家慢慢养了，我今天把她的尿管拔了，如果她能自主排尿，就不用插尿管了，如果不能，那么尿管将伴随她一辈子。"医生拔完尿管之后，隔了半个小时，床湿了一片，尽管这样，她已经比其他很多病人幸运得多了，不用终身插着尿管。一般出院前要检查一些项目。隔壁床的小朋友妈妈知道洪琼大小便失禁，那天要去做检查，便给了洪琼一个尿片。这是洪琼和母亲从未见过的时髦玩意儿，毕竟平时村里人给小孩用的尿片也是家里用破布缝制的，便满心欢喜地接过并道谢。

抱着好奇，母亲给洪琼垫上了尿片，发现这个东西吸水性很好，好几个小时都不用她操心。母亲给洪琼换下尿片后，便想着这东西扔了怪可惜，洗洗应该能再用几次。于是，母亲二话不说，便把换下来的尿片放入水中洗呀洗，越洗越费劲。手中的东西变得又大又鼓，好像马上就要爆炸一样。母亲急得没办法，跑进病房找人问情况，这才知道这个尿片是一次性的，一洗反而会变得更大。听完后母亲也不好意思起来，但转而也与她们一起哈哈大笑起来。

经过六十多个日日夜夜后，洪琼可以出院了。母亲瘦了一大圈，仿佛风一吹就能飞起来；父亲那皱皱巴巴的脸晒得更黑，白发也突然多了不少。

父亲事先和舅舅伯伯们，以及村里的人说了洪琼要出院的消息，所以出院那天大家都来帮忙，他们拿着木板和绳子早早地在以甲克（农村车站）等着。母亲在收拾东西，父亲想把洪琼扶起来坐着，被父亲扶起的一瞬间，洪琼觉得天旋地转的，立马大叫："我要躺着！我要躺着！"因为躺了两个月，她的身体已经无法适应坐立了。母亲收拾好东西，父亲办好相关手续，抱着洪琼出了医院坐上事先就包好的车。来到以甲克，大家你一手我一手地把洪琼放到木板上，用绳子捆扎好，然后4人一组轮换着抬着木板往回走。那天，天很蓝，风很柔，太阳很暖，虽然山路崎岖，木板时不时会倾斜一下，但也不影响洪琼欣赏沿路的风光。洪琼看着自己的双手，由于经历了两场大手术，加上两个月没有晒到太阳，肤色寡白寡白的，没有一点血色。

此时年幼的她对医学和对命运都还未及了解，不知道伤到脊髓是一件多么可怕的事，更不会想到这对一个正常人意味着什么。当时她仍旧乐观地认为这一切都是短暂的，便舒舒服服地躺在木板上，心想："用不了多久我就可以站起来回学校上课了，然后就又能是原来的样子了。"因此，她现在最担忧的是自己可能会被留级的问题，想着回到学校要怎样才能跟上课程。

9月1日是开学的日子，当时洪琼还不知道自己身体病情的严重性，以为自己终有一天会回到学校。于是，在开学前一晚她对母亲张士英说："妈，明天要上学了，你不要看到别家的小孩背着书包去上学又哭啊。"母亲更为女儿的懂事心疼，"不哭，肯定不哭"，张士英满口答应着女儿，但她还是食言了。第二天，看到别家的小孩高高兴兴地背着书包去上学，自家女儿却只能躺在床上，不免悲从心来，她尽力地把呜咽声压下去，但两行泪水还是像断线珍珠，噗噗而下。听到女儿的呼喊声后，她匆匆忙忙用袖口擦了擦脸上的泪珠，大口大口地吸气吐气后，才平复住心情往屋里去，因为她害怕女儿看自己流泪会更难过。

电影《无问西东》里有一句台词："你别怕，我就是那个给你托底的人，我会跟你一起往下掉。不管掉得有多深，我都会在下面给你托着。"在电影中，这是一种爱情的誓言，但在生活中，这又何尝不是父母对孩子"无条件爱"的誓言呢？洪琼的父母对她也是如此。

3. 照进谷底的光

在洪琼那漫长而丰富的三十多年人生画卷中，无数束璀璨的光芒如流星划破夜空，驱散了她内心深处的阴霾，赋予了她无畏前行的勇气。而她人生旅途中的第一缕曙光，便是源自爱她的父母。那光，温暖而明亮，如同春日的暖阳，为她的人生旅程点亮了最初的希望。

从医院回到家后，父亲把洪琼抱到床上躺着，外婆和其他亲戚已经准备好了饭菜，招待帮忙的众人。这时洪琼的堂弟在她床头喊："杨晴姐姐"，洪琼还以为堂弟是叫村里的一个小姑娘（村里有个叫杨晴的）。招呼众人吃完饭，外婆和母亲坐在洪琼床边，外婆说找人给娃儿算了命，以前的名字别叫了，于是就有了"杨洪琼"。此后的日子，父亲生怕女儿洪琼在床上感到乏味，便体贴地将饭桌移至她的房间。每当用餐时分，母亲便不辞辛劳地在厨房与洪琼房间之间往返数次，因为厨房位于院子的一角，距离洪琼的房间颇为遥远。待饭菜摆放完毕后，母亲便会细心地为洪琼夹起她喜爱的菜肴，温柔地递到她的面前。由于洪琼是躺着用餐，饭菜时常不慎洒落在枕或面颊上，但那温馨的场景，却洋溢着家的温馨与深深的爱意。

父亲把电视也搬到洪琼房间，当时接收信号的还是那种六扇拼接的大锅盖，在洪琼住院的时候大锅盖就被大风刮断吹倒了，由于一直没修理，洪琼每天就只能放 VCD 碟片打发时间。每当夜幕降临，洪琼的房间总是特别热闹，邻里邻居围坐一堂，一起观看云南山歌剧。只是这份热闹对洪琼来说，是一份难以言喻的困扰。因为身体的不适，她常常在被子中不自主地排泄，却又羞于在众人面前提及。她只能默默忍受，直至邻居们纷纷散去，夜深人静之时，才鼓起勇气向母亲求助。长时间地保持一个姿势，让洪琼的半边臀部早已被压迫得通红一片，疼痛难忍。母亲心疼地为她清理，随后，在疲惫中，母亲轻轻上床，与女儿一同进入梦乡。

往后的日子，村里人陆陆续续地提着罐头、麦片等礼物来看望洪琼。刚开始还好，她就默默地躺在床上听着大家闲聊，偶尔还能插上几句话，毕竟这是村里的传统。谁家生孩子、生大病，村民们都会提着东西去探望，以表心意。然而，半年后，大家看洪琼还躺在床上动不了，有人就当着洪琼和她父母的面直接说："好好的个大姑娘，要以后就这样一直躺着了，那着实可惜了。"这种话听多了，洪琼自己也慢慢开始怀疑起来，自己以后真的就站不起来了吗？

洪琼心里虽然难受，但是她知道父母心里更加难受，当一拨又一拨来探望的人走后，父母总是阴沉着脸，看着十分揪心。她便自觉地安慰起父母，"你们别看我这么造孽，比我造孽的人更多，我说不定以后慢慢就能站起来了"（造孽是云南方言，意为

"可怜")。她总是这么懂事，但只有她自己知道，那不过是安慰父母的说辞罢了，她自己也不知道还能不能站起来。她能够开导父母，却始终开导不了自己，在梦里她常常回到出事前，自己和朋友追逐嬉闹，好似一切都没有发生。但每到最快乐的时候，梦里就会出现一个声音告诉她，"你再也站不起来了"，她不愿接受这种结果，就会在梦里大哭。醒来时发现自己眼泪不止，心酸异常，枕头也被浸湿了一大块。在这死寂的夜晚，她只听到窗外树叶的沙沙声，失落感与恐惧感也随之而来，让她的胸口仿佛有大石头似的，堵得喘不过气来，她就这样失眠到天亮。

当初在医院时，洪琼就听医生说过自己是脊髓损伤，下半身失去知觉，只能慢慢恢复。但半年过去了，她还是不适应这个新的身体情况。在夜里和父母不在家时，她时常一个人默默流泪。她无数次想穿越回去告诉那天的自己不要上山，但世间没有时光机，她永远不可能穿越去改变结果。她也曾在深夜抱怨老天爷对自己的不公，为什么这种厄运会那么巧地降临在自己身上，她不敢相信老天爷会对十三四岁花一样年纪的自己如此残忍。她此时始终相信老天爷不会让自己就此凋零，自己一定会慢慢好起来的，更何况她还有那么爱自己的父母，以后还要好好报答他们。

在过去的半年里，洪琼因休养而留在家中，然而这期间，她竟变得异常畏惧黑暗，每当夜幕降临，她总是心怀忐忑，不敢独自入眠。曾经的她，面对黑夜无所畏惧，甚至享受那份寂静与安宁。出事后，她夜夜都要开着昏黄的灯睡觉，别人可能觉得灯光刺眼，她却只觉得温暖安心，仿佛这点点灯光便能驱散她心中的恐惧。她不敢一个人睡觉，父母便一人一夜轮流陪她睡在一张大床上。父亲或母亲躺在外面，洪琼躺在里面，各睡一头，一人一个被子，在淡黄色的灯光中慢慢睡去，直至天明。

刚开始还好，母亲还能睡着，但慢慢地母亲有点扛不住了，因为白天劳累了一天，晚上灯光又直射着她的眼睛，让她夜夜惊醒，睡眠质量也严重下降。因此，后来就是父亲一直做她的"黑夜卫士"。

一天半夜，狂风呼啸，吹得瓦片吱吱作响，接着一道闪电划破了整个夜空，一声惊天动地的雷鸣声响彻整个山村，狂风越吹越大，雷声也越来越密集。洪琼从梦中被惊醒了，她听着外面各种大自然的嘶吼声，心里不由害怕起来。不一会儿，外面下起了滂沱骤雨，好似使了全部力气往下打，打得院子地面和窗户噼啪作响。这时，那小小的灯熄灭了，洪琼的心也跟着熄灭了，毕竟那可是给她安全感的光源啊！她便开始抽泣起来，父亲在梦中也隐约感觉到了异样，瞬间惊醒。在雷雨声中，他迷迷糊糊地听到了啜泣声，立马清醒过来，转到床头躺下一把把洪琼抱进怀里。

洪琼的脸紧贴着父亲那坚实而温暖的胸膛，那份父爱的温度如春风拂面，让她的心灵重获安宁。她心中的委屈与恐惧如潮水般汹涌而出，化作无法遏制的泪水，洒落在父亲的衣服与床单之上，湿润了一大片。或许是因为不擅长言辞，父亲选择了沉默，他静静地拥抱着洪琼，偶尔轻拍她的后背，给予她最深沉的安慰。随着时间的推移，洪琼的哭声逐渐减弱，直至消失，她的心灵在父亲的怀抱中得到了彻底的抚慰。眼角的泪痕还未干透，她已安然入睡，父亲则在她进入梦乡后，才轻轻松开怀抱，躺回自己的位置。正如莎士比亚所言："黑夜无论怎样悠长，白昼总会到来。"而洪琼，也在父亲的守护下，迎来了心灵的黎明。

没过多久，洪琼就习惯了关灯睡觉，敢于一个人去面对黑暗了，或许是父亲成为了永远照亮她内心的那一束光吧。

深知意外给家人带来的沉重负担，洪琼决心不让父母再添忧思。在康复的漫漫长路上，她始终用坚强和乐观宽慰着家人，无论是面对药物治疗的艰辛，还是康复训练的挑战，她都表现得格外坚强。

4. 寻医问药记

在快出院之前，母亲张士英曾偷偷问医生女儿还能不能站起来，可得到的答案让她摸不着头脑。

"我也不敢打包票，有的能，有的不能"，医生告诉张士英。

"那我姑娘多久能站起来呢?"张士英紧接着问道。

"两三年吧"，医生语重心长地说道。

"要两三年呀?"张士英显然不敢相信医生给的答案。

"这个病恢复就是比较慢,急不得",听完医生的解释,张士英的心瞬间降到了谷底,但转念一想,至少是有期限的,那就是有希望。

回到家后,张士英夫妻二人只要一听到能治女儿病的药或人,就一定会去找回来给女儿试一试。"不管是喝的还是包扎的,我们都会尽力去找回来给小花试一试,就想着说不定就站起来呢",这是张士英后来回想起那段时光时的感慨。"我现在很害怕吃药,尤其是中药,就是因为在家那段时间试了无数药,有时候不见好还可能有副作用,比如喝药酒,高度白酒泡的各种中药,上午一碗、下午一碗,很多时候,我爸倒好药酒,给我端来,我实在不想喝,等他转身干活去了,我就把药酒倒了,现在想想好糟心呀。"洪琼回忆那段时光,眼里闪着泪花。在整个治疗之旅上,有一位土医生给她留下的印象最为深刻。

土医生是位六十多岁的男人,贵州人,长脸颊,皮肤黑黄。还记得第一次见他的时候,洪琼虽然半信半疑,却又满怀期待,因为听母亲说这个土医生要了800块钱,药到病除。为了保证一定能站起来,母亲承诺给土医生1260块钱,而在此之前,洪琼在医院的各种手术费住院费前后花了近4万块。在2003年云南小山村,对一个普通的家庭来说,这是一笔不小的开支。要知道,当时一个成年男性在农村干活一天的工钱才20块。由此可见,洪琼一家对这位土医生抱有多大的希望。

在云贵一带的农村，交通闭塞，深山人家很难接触到大医院的医生和先进技术，但得天独厚的自然气候，使当地的深山成为了许多中草药材生长的天堂，山里人凭借经验采摘一些药草，就能治好头疼脑热。久而久之，一些略通中医又经验丰富的土医生就很受信任。

洪琼在那位土医生的指导下，吃了一两个月的草药。在这段时间里，无论农活有多忙，天气有多热，母亲都会亲自为洪琼精心熬好中药，端到床前看着她喝下去。时间一点点流逝，十几服药喝下去，洪琼的下半身还是一点感觉也没有。这让母亲张士英十分着急，不知在多少个夜里默默地流泪。有时晚上等女儿睡着后，母亲会轻轻地掀起女儿的被子，由轻到重改变力度试着掐她的脚，她心里无数次幻想着能把女儿掐疼、掐醒，但看着女儿睡熟的脸庞没有丝毫的反应，她又一次次地失望。走出女儿的屋子后，她才轻轻拭去眼角的泪。

在深夜的山村，偶尔传来几声清脆的狗吠，它们划破寂静的夜空，回声在山野间环绕，使那漆黑的山村更显孤寂与清冷，仿佛整个世界都沉浸在这片宁静之中。昏黄的灯光下，母亲的影子被拉得很长，投映在屋里的地上和墙上，她呆呆看着自己的影子，想到女儿，不免悲从心来。她实在是想不通，自己一直和善待人，和丈夫都是老实巴交的农民，没有做过什么对不起别人的事情，为何老天爷要对自己的女儿如此残忍，她甚至希望受伤的是自己而不是女儿。越想她越难过，完全没察觉另一个影子出现在眼前，是丈夫过来喊她睡觉了。她这才回过神来，明早还要早起为女儿熬药。

药总算吃完了。按约定时间，土医生来家里为洪琼复诊，但洪琼的下半身依旧没有反应，土医生也说不出个所以然。按事前的约定，没有效果是可以不用给钱的，但洪琼父母看土医生是一个老人家也不容易，翻山越岭地找草药，又走了几个小时弯弯绕绕的山路从贵州到云南，便给了他三分之二的钱。

或许土医生也觉得收了钱但没办成事很是惭愧，几个月后，他又一次来到洪琼家给她看诊。他不停地来回摸看洪琼的脚，不知是洪琼觉得花了太多钱过意不去的原因，还是土医生手法的原因，有那么一瞬间，她感觉到了自己的腿，顿时内心无比激动，便悄悄对着母亲说："这个医生怕是可以的，他摸我的脚，好像有点感觉。"母亲等这个消息等得太久了，为了确保万无一失，她催促土医生再次尝试，然而洪琼依旧毫无反应。土医生离开后，母亲怀着沉重的心情，一遍又一遍地重复着土医生的手法，为女儿按摩。然而，洪琼依然没有任何感知。母女俩心中刚刚燃起的一丝希望，就这样在无尽的等待与失落中再次熄灭。

生活如同航船，唯有怀揣着盼望的灯塔，方能破浪前行。对于杨家而言，那份盼望来自于医院的医生，他们坚信，在医生的指引下，洪琼只需两三年时间，便能如医生所言，重新站起来，迎接生活的新篇章。因此，他们毫不犹豫地踏上了康复训练的征程，每一步都充满了对未来的坚定信念和无限希望。

5. 康复路漫漫

"花儿，有感觉了吗？什么时候能站起来？"

"快了，快了，再过个两三个月应该可以。"

从医院回家的前两三年，母亲每隔一段时间就会问洪琼能否站起来。洪琼知道母亲是在关心自己，但这种关心太过频繁，压得她喘不过气来，因为她也不清楚自己何时能站起来，而她又不想让母亲失望，只好一次又一次地敷衍说"快了"。当然，为了洪琼能早日站立，杨家人倾尽心血，尝试了各种康复疗法。其中两种治疗方式，在洪琼心中留下了深刻的烙印，至今仍历历在目。然而，当洪琼回首那段经历，却感觉仿佛是在旁观他人的故事，而非亲身经历。那份距离感，或许正是她内心逐渐强大，开始接纳并超越病痛的象征。

母亲张士英听医生说，像洪琼这样的脊髓损伤患者有恢复潜力。一般来说，早期恢复的过程在第一年内完成，其后的两三年里也有进一步恢复的机会。而康复治疗可降低卧床并发症风险，为日后康复创造条件。因此，杨家人为了这百分之一的希望，做出他们当时能做的最大努力。

杨家人做的第一个康复治疗是站立训练，洪琼至今还记得当时那种头晕目眩、肌肉酸痛的感觉。每当农闲时，父母和外婆就会一起帮她做康复训练。父亲和母亲两人一般会身体微躬地站在洪琼肩膀两侧，她则把双手分别搭在他们的肩上，两腿分开与肩同宽站在冰冷的地板上，外婆就抱着固定住她的双腿，同时她的双手则在母亲和父亲的帮助下成功拉住铁窗的两侧，她就在 3 个成年人的帮助下重新站起来了。但她还来不及感受重新站起来的感觉，就觉得头晕眼花，两眼直冒金星，便急忙让父母把自己抱到床上继续躺着。即便躺在床上，上半身的肌肉酸痛与疲惫感还是让她感到深深的无力和无奈。尽管她对康复训练心生抵触，但每当看到家人眼中满含的期待，洪琼便不忍拒绝。于是，她选择了妥协，每隔一段时间便配合进行训练，尽管内心并不情愿，但她深知，这份坚持，是对家人最深沉爱意的回应。

这一天，小山村被阴雨笼罩，绵绵细雨如丝如缕，寒风刺骨冰冷。洪琼尤为惧怕这样的天气，它似乎能触及她内心深处的恐惧，让那些纷乱的思绪如潮水般汹涌而来，一股股涌上心头，几乎让她窒息。在这阴冷的环境中，她感到孤独而无助。而且每当这样的下雨天父母一般都不用下地干活，待在家里，她又得开始那套让自己头疼的训练。像往常一样，她被父母和外婆扶起来费劲地站在窗边，这时只要其中一人稍稍松手，她的身体就像散架的木偶，完全使不上力，重重地摔在地上。

正当母亲为女儿洪琼此次站立的时间比上次稍长而心生欣慰之际，她与丈夫杨龙德却突然闻到一股难以忍受的酸臭气味。只见一个黄褐色物体从洪琼的裤脚处滑落，打破了这短暂的喜悦与平静。抱着洪琼双腿的外婆一惊，放松了外孙女双腿，这一小小的松动就如蝴蝶效应般带着洪琼的整个身体向后摇摆，随即倒向地上，发出一声清脆的碰撞声。洪琼自己也被这一幕吓得措手不及，然而在她倒下之后，却惊异地发现自己对腿部的疼痛和大便的存在毫无感知。她只觉得上半身因磕碰而有些不适，这种异常的感觉让她备感困惑与无助。

杨洪琼家院子

"摔在儿身，疼在娘心。"张士英和丈夫杨龙德合力把女儿抱回床上，看着洪琼冻得通红发紫的手脚，张士英的眼角泪水如窗外连绵不断的细雨，悄然滑落。而更为揪心的是洪琼因脊髓损伤而引发的并发症——大小便失禁这一问题如同沉重的枷锁，让张士英的心头始终萦绕着无尽的悲痛。因为这意味着，若长此以往无法得到妥善解决，洪琼将难以恢复独立生活的能力，这样的前景让她感到无比的无力和绝望。

第一个康复训练持续将近 3 年的时间，但效果不明显，这让洪琼十分难受。于是，杨家人很快制定了第二个康复训练计划。

这天干完农活，杨龙德从山上砍回两根 4 米长的树干，估摸有成年人的小腿那么粗。他把树干修理光滑后便抬上了家里的二楼，并把两根树干平行架在房屋两侧一米多高的梁上，中间空隙刚好够洪琼拉着来回通过。简易的训练设施搭建好，杨龙德便把洪琼背到二楼让她体验一下。这时洪琼的上半身已经恢复得可以坐卧自如了，大小便也能慢慢感觉到，但下半身依旧没有知觉，不能站立。所以，杨龙德才想到借助这个拉杆训练来锻炼女儿的手臂力量，同时他也希望能以此逐渐让女儿的下半身有感觉。

刚开始那几天，父亲杨龙德都会陪伴在洪琼身后，以防她因体力不支而摔倒，慢慢地他看洪琼基本可以拉杆来回自如，便放心地去地里干农活，回来时常看到洪琼累得满头大汗，但洪琼自己却也不抱怨，反倒乐在其中。自从父亲搭起了这两根木竿，洪琼每天早上都会 8 点准时起床开始训练直到上午 10 点，这已经成为她生活的一大组成部分，也是乐趣的来源。

就这样，洪琼做了一年多的拉杠杆康复训练。此时的她或许想不到，这项手臂训练会在以后她的运动生涯中发挥出意想不到的作用。

　　这个阶段的洪琼如一株深陷泥潭的龙女花，虽被迫身染污
泥，但仍不屈向上生长！

第三章 黑暗中的光

1. 外婆的爱一直在

洪琼记忆中的外婆，已步入古稀之年，满头的银发如同岁月积淀的霜雪，整齐地梳成"学生头"，发梢恰好触及肩头。外婆常用一块素色的头巾，将满头银丝包裹得严严实实，既是对岁月的尊重，也是对生活的珍视。

外婆的一生，几乎都在田间地头度过，面朝黄土背朝天，辛勤耕耘。加之云南的紫外线格外强烈，她的脸黑黄得分外明显，仿佛承载着无数日晒雨淋的记忆。但正是这黑黄色的皮肤，见证了外婆的勤劳与坚韧。

每当外婆笑起来，那满脸的皱纹便如同盛开的秋菊，层层叠叠，散发着温暖而慈祥的光芒。那是岁月给予外婆最美的礼物，也是她乐观与坚韧的象征。在外婆的笑容中，洪琼感受到了无尽的温暖与力量。

外婆有头晕的老毛病，就习惯性带很多头痛粉（学名：阿咖酚散）在身上。相当长的一个时期，头痛粉以其包治头痛、感冒、发热的功效和亲民的价格，成为人们心中一剂神奇的良药。外婆每当身体稍有不适，总会拿出一包头痛粉，轻轻服下。但这药也有一定副作用。药里的咖啡因长期服用后，会药物上瘾，导致外婆基本每隔两个小时就会服用一包。虽然外婆身体有不少小毛病，但整体看着还是十分精神。洪琼出事后，她几乎每隔两天就来看洪琼，总是早早就到，傍晚又回去。农忙时节更是天天往洪琼家里跑，又是帮忙做饭洗衣又是照顾她。

与中国大多的外婆一样，洪琼外婆对所有的孩子都很疼爱，只是小洪琼出事后，对她更是无微不至。一次，躺在床上的洪琼告诉外婆，自己特别想吃煮得软糯的四季豆，外婆就马上去地里摘了四季豆回来现做。当时已经过了饭点儿，她跑去地里摘了回来，又重新烧火做熟……洪琼躺在床上听着厨房里各种叮叮当当的声音，感受到了那种深沉的爱带来的内心的幸福。

忙碌许久的外婆，笑眯眯地端着炖得香气四溢的软糯四季豆来到洪琼床头，看着洪琼吃得津津有味，她就十分开心，还叮嘱洪琼："花儿，以后你要是想吃什么，就和我说，一定给你弄来。"洪琼边大口大口地吃着边说："好呢，外婆最好。"外婆笑着转过身去，不禁默默地流下了眼泪，怕洪琼发现，又快速用衣领擦去。

那些年，虽然纸尿裤、尿片等已经在城市里开始使用，但是在农村还是不多见，即便有卖也因为价格贵而不能常买。所以外婆就找来家里吸水性好的破布缝成尿片，直到把尿片缝到能堆成小山高才歇着。洪琼尿湿了，就给她换掉洗干净挂院里晒着。有太阳还好，很快就晒干了。而秋冬的云南罗平经常阴雨绵绵，又湿又冷，有时候十天半个月，甚至更长的时间都不见太阳，家家户户都靠火炉取暖，外婆和父母就只能把湿漉漉的尿片挂在火炉边烤，家里如果来客人了就临时收起来。

洪琼大小便都是在床上解决，长此以往，床上垫的褥子都被糟坏了，等母亲发现，把褥子坏的地方拿出来一看，才发现里面的棉絮像泥土一样，又黑又硬。洪琼身上以至于房间里闻起来臭烘烘的。所以，家人要时常给洪琼洗澡。那时的洪琼很抗拒别人靠近她，特别是洗澡。有一天，外婆说给洪琼洗个澡，再换一下床单被罩和尿片。洪琼死活不答应，外婆叫来母亲张士英，两人强硬地给她收拾一番。她毫无反抗之力，只能哭喊着任由摆布。收拾完，洪琼躺在干净的床上，感觉由内而外的舒适，外婆拍了拍她的小脸蛋笑着说："是不是舒服一大截！"

外婆还是洪琼的知心朋友。洪琼摔伤后，天天卧床在家，父母要兼顾地里的农活，不能时常陪伴她，而以前的同学都在上学，慢慢便断了联系，这让她几乎没有说说心里话的朋友。更重要的是，那个时候她也还没有手机、平板电脑，唯一有的就是一台老式电视机在屋里陪伴着她。

外婆不忍看着外孙女被困在床上或是椅子上，便鼓励洪琼：可以像小孩学会走路前一样在地上挪，躺在床上始终不是办法。洪琼走不出内心的第一步，不愿让别人看到自己狼狈的一面，久久不愿下地挪动。外婆就提议洪琼学打毛线，说这不仅可以给父母和自己打出新衣服，还可以打发时间。洪琼一听也觉得有道理，便和母亲说自己想学打毛线。母亲听后自然十分高兴，把村里的打毛线能手请到家中教洪琼。在外婆的鼓励下，经过无数个日夜的勤学苦练，家里人都穿上了洪琼织的毛衣。

这件事在洪琼心中激起了一丝丝自我价值的认同，让她感受到了自己的意义所在。然而，遗憾的是，她未能为外婆亲手织一件衣物，以表达她对老人深深关爱的感激。更为遗憾的是，当外婆离世时，她未能陪在老人身边走完最后一段温暖的旅程。这些遗憾如同尖锐的刺，深深地扎进洪琼的心头，让她在回忆中感到无尽的痛楚和遗憾。

那是 2019 年洪琼训练完滑雪后的一天，她接到了家里打来的电话："外婆走了。"轻飘飘的几个字如晴天霹雳一般，她挂断电话，在角落里禁不住失声痛哭，最爱自己的外婆走了，往事历历在目，外婆的音容笑貌还在她的眼前转。她不能接受外婆离开的现实，哪怕她明白死亡是生命的必然，哪怕早已做好了思想准备，可她还是会心口绞痛得难以承受，更何况此时她已经两年没有回过家，都来不及和外婆告别，见上最后一面。

最后一次见到外婆，洪琼正从学校放假回家，婆孙俩许久未见，聊了许许多多，外婆不舍得她走，却又无可奈何。洪琼收假回学校后，外婆还给洪琼带了许多好吃的。还记得，当时自己吃得很香，可如今再次回想，那种美好也逐渐从记忆中褪色，心底泛起阵阵苦涩。

2. 相依为伴的妹妹

在洪琼漫长且略显灰暗的人生中，妹妹好似一道耀眼的光芒，为她的生活带来了无尽的希望和欢乐。妹妹的存在，让洪琼在疲惫与压力中找到了喘息的片刻，更成为了她生命中不可或缺的重要支柱。在妹妹的陪伴下，洪琼感受到了亲情的温暖和力量，这份力量让她更加坚定地面对生活的挑战和困难。

妹妹因她而来。洪琼出事后，弟弟已经在学校上学了，父母也要外出干农活，更多的时候，她一人在家从早躺到晚，有时便觉得生活十分无聊。一天，她和母亲开玩笑说，希望她能给自己再生一个妹妹陪自己玩。当时母亲没当回事，只觉得这是句糊涂话而已。可当她回娘家时，洪琼的外婆居然也劝她再要一个孩子。"你再生一个嘛，你望小花那么造孽"，母亲的话让张士英的心里泛起一点点涟漪，但她还是不想再要一个孩子。

因为若再生养一个娃，不说家庭条件负担不起，自己还是38岁的高龄，身体肯定会吃不消，更为重要的是要违反国家计划生育政策。

想到女儿的特殊身体遭遇，再加上洪琼外婆的多次劝说，张士英夫妻二人决定冒险再生一胎。虽然自己家庭情况特殊，但再怎么说还是违反计划生育政策，所以张士英从怀孕到把孩子生下来都是小心翼翼地，每天无不是提心吊胆地生活，就怕走漏风声。

怀孕期间，她照常去地里干农活，每隔几个小时回来照看洪琼，完全没有孕妇的样子，不过她早已习惯，她怀前几胎也是这样过来的。当然，在那个年代农村孕妇继续去地里干活、去山上放牲口也是极平常事，有时甚至马上要生孩子了，还在地里或是路边，以至于现在很多村里还有那么一两个孩子叫"路生"。

或许是张士英身材本就娇小的缘故，她不太显怀，而且平时穿的衣服多是宽松的，腰上还系了深色围腰。当然，为了更好地隐藏，她时常弓着腰走路，所以直到洪琼的妹妹出世，大家都不敢相信她居然又生了一个孩子。甚至是洪琼也不敢相信。她每天和母亲朝夕相处，却从来没有看出母亲怀孕，只记得当时母亲稍微胖了一点，脸色也比较憔悴，便开玩笑说："妈，你咋那么丑！"这话一出也是逗得母亲哭笑不得。"要不是那天亲耳听到小妹的哭声，看着她皱皱的皮肤，我真不敢想象你生了个小娃娃"，洪琼与母亲聊起小妹出生的情景时笑着说。

2004年农历六月初五的凌晨十二点左右，窗外的雷雨声轰轰轰……妹妹顺利出生了。

妹妹一岁左右起就和洪琼睡一张床，白天父母外出干农活，妹妹就是她的解闷"良方"。她时而用双手将妹妹在头顶来回地托举，逗得妹妹咯咯直笑，时而忍不住戳了一下酣睡妹妹柔软的脸蛋，时而教妹妹喊"爸爸""妈妈""哥哥""姐姐"，原本枯燥的时光就这么一天天地飞快流逝，此时的洪琼也在外婆的鼓励下尝试下床。说是下床，其实是父亲把她抱到地上放着，她就用双手撑着地，上半身带动着下半身在地上挪，母亲刚给她换身干净的衣服，她一下地就弄得灰头土脸的。她坐在地上挪，妹妹在地上爬，父母外出干活的日子，姐妹俩相依为伴。妹妹在一点点长大，从蹒跚学步到健步如飞。而洪琼依旧坐在地上挪着。

一次，妹妹刚学会走路没多久，便挣脱洪琼的双手，一个人跑出去玩了。洪琼坐在地上急得大声呼喊妹妹的名字，但妹妹太小还不懂事，越喊她跑得越远。洪琼气得咬牙切齿，但身体却不听使唤，只得坐在地上干着急。好在后来，姨母看到了在村口独自玩耍的妹妹，才把她抱了回来。看到妹妹的洪琼，又气又急，抡起手掌就照着妹妹的屁股狠狠地打。姨母见状立马说道："小花，别打，你越打么她越跑。"

随着年岁的增长，妹妹也逐渐懂事。"你姐不方便，她叫你搞什么，你就多帮帮她"，这是母亲时常叮嘱妹妹的。妹妹也很自然地成为了洪琼的贴心"双脚"。家里来亲戚或是父母的朋友，洪琼就躲在房间里，也不愿意和他们同桌吃饭，妹妹就把饭菜端到她的床边。因为洪琼平日里行动不便，很多事情便只能指唤妹妹去做，比如倒便盆这个事。最初，洪琼只能在床上大小便，慢慢地，洪琼能挪到床边用便盆解决大小便了，她使用完便盆后，母亲再给端出去。母亲不在家时，任务就交给了妹妹。但终究是小孩子，偶尔也会叛逆耍小脾气，这时洪琼就说："我数到3，你再不动，我就不理你了。1……2……"一般情况下数到"2"时，妹妹就会又生气又无奈地对洪琼说："哼，天天只会123、123"……一边念叨一边走到床边端起便盆。每次看着妹妹端着便盆走出房门的背影，洪琼内心都一阵心痛，觉得太过亏欠这个妹妹了。

一天，吃完早饭，妹妹随父母去赶集了，空空荡荡的房间就只剩下洪琼一个人。时间过得好慢，下午四五点了还不见父母和妹妹回来，只听到路口零零散散的赶马声。洪琼想到路口等家人，便吃力地用手把腿推到床边，顺着床边往下挪，突然手一软，整个人重重地摔在床边，手和肘都磕青了。她也顾不得疼，慢慢挪出了房间，挪到了路口靠墙坐着。一会儿，路边有人喊她，洪琼转头一看，原来是发小路过碰巧遇到，她扎着高马尾，穿着好看的衣服，背着书包跑到洪琼身边。"小花，你怎么今天出来啦，需要我帮忙不？"洪琼本想请她把自己抱回屋里，可是又不好意思麻烦人家，就说："不用了，我在这里等我爸妈和小妹。"发小道："那好吧，我先走了。"洪琼只回答了一个"嗯"，看着发小远去的背影，想着两人之前形影不离的情形，假如自己不摔这一跤，现在是不是正走在发小身旁呢！想到这儿，洪琼撑在地上的双手把碎石子捏得紧紧的，犹如万箭穿心似的喘不过气，鼻子一酸，一颗颗豆大的眼泪滑过脸庞。恍惚间洪琼感觉掌心有点疼，把手抬起来，刚才捏的碎石子里有玻璃碴，手被划破了，她麻木地看着血一滴一滴地往下掉。又过了一会儿，爸妈和妹妹回来了，母亲远远看到洪琼，赶紧跑过来："小宝啊！你是咋个出来的呀？手咋弄出血的？"父亲把马拴好，赶紧把洪琼抱进屋，妹妹则跟在身后，手里拿着一个小足球。那天的情景如今回忆起来，好似昨天刚刚发生的事。

虽然小妹时时黏着姐姐，但有时听到外面有小伙伴的声音，她也想去找小伙伴们玩，这时她会问洪琼："姐姐，我想出去玩，就一小下，可以吗？"尽管洪琼内心深处不愿让妹妹离开自己的视线，但她深知，妹妹的人生不应该只围绕着自己转动。她明白，妹妹需要更多的空间去探索，去结识新的小伙伴，去建立属于她自己的友谊。因此，当妹妹看到她点头同意时，脸上绽放出欢快的笑容，迫不及待地转身奔向了外面等待她的伙伴。

很快妹妹到了上学的年纪，作为姐姐的洪琼也很会照顾妹妹，每天早上都会准时把妹妹喊起来，再为她梳上一个精致的发型。洪琼精湛的编发技术就是那时候在妹妹头上研究出来的。妹妹放学回到家第一件事就是跑到姐姐床边，一边跟姐姐分享学校的趣事，一边拿出书本做作业，遇到不会的就问姐姐。以至于后来洪琼到华夏中专读书后，妹妹回到家见姐姐不在房间，接着把每个房间都找遍了，一边找一边哭。

与妹妹的点点滴滴，都成为了洪琼和妹妹的美好回忆。

3. 第一张身份证

诺贝尔文学奖获得者黑塞说过，"在世上，最让人畏惧的恰恰是通向自己的道路"。也可以说这是洪琼受伤后的真实写照。

受伤后，洪琼从未出过门，一直躺在床上，眼巴巴地盯着天花板和门口，暗自神伤。寒来暑往，四季更迭。她度过了无数个漫长的日日夜夜，直到她的上半身逐渐恢复了直立坐起的能力，才被家人温柔地抱出房间，在院子里沐浴着温暖的阳光。然而，即便有了这份温暖的阳光，她依旧感到自己的活动范围受限，对外部世界充满了恐惧和不安。她活在自己封闭的小世界中，仿佛与世隔绝。那些更大的活动范围，对她而言，是未知的领域，也是她内心不愿涉足的禁地。她害怕面对未知，害怕与人交往，害怕再次受到伤害。因此，她选择在自己的小世界里安静地度过每一天，尽管那里充满了孤独和寂寞。

直到 2008 年 7 月的一天，父亲干完农活后回到家，对洪琼说："上面人下来在小学办身份证，我明天带你去照相。"

"我天天在屋里头，要身份证整哪样？"洪琼生气地说。

"国家规定每个人都必须办，我们都办了，就差你。"父亲说。

"我就是不想去，我又用不到。"洪琼生气得快哭了。

"明天必须去，到时候你小妹和你一起！"父亲下命令似的说着。

这样几个来回下来，洪琼败了，她争不过父亲，只好妥协。那天夜里，她梦到第二天去拍照的场景，被村里人用可怜的眼神围观，还有各种嘲笑声在耳边回荡，吓得她在梦中多次惊醒，才发现原来不过是一场梦，于是她就祈祷着明天到来得晚一点。可是，黑夜终有破晓时，黎明的第一束阳光照到院子里，洪琼感觉要上"刑场"了。父亲早早便起来把家里唯一的骡子牵出来，喂得肚子鼓鼓的，这头高大的老骡子看起来十分精神，母亲也比平时更早开始弄早饭。

吃过早饭后，父亲把骡子牵到了院子里用绳子拴着，又在骡子背上放好了马垛子，垛子两边是用青竹篾编制成的大箩筐，平时家里常用它来驮一些庄稼或是别的一切可以驮的东西，竹筐一看就是经历了岁月打磨，如今已然变成了土黄色。接着，父亲又去抱来了两块比较大的石头放在一边的筐里，再把洪琼放进另一边的筐里。最后，洪琼5岁的妹妹被放在装了石头的筐上。七月的天空，本应如诗如画，明媚而热烈。然而，它似乎读懂了洪琼此刻的心情，便不再执意展现那无尽的晴空。明媚的阳光转瞬即逝，取而代之的是一片多云的天空，如同洪琼内心的阴霾，缓缓蔓延开来。

拍身份证照片的地方是在隔壁村的小学里，就是以前洪琼上学的地方。以前这条上学路她走过无数遍，这里留下了她许多美好的记忆，但她从没想到过有一天自己会被驮在骡子上重走一遍。一路上，父亲在前面牵着骡子，洪琼和妹妹则坐在筐里，看着这似曾相识的沿路风景，摇摇晃晃地前行着。

走着走着，路上便遇到了一个村里的大妈。大妈上下打量着洪琼父亲，又看了看骡子背上的洪琼和妹妹，好奇地开口问道："这是去哪里呀？""去小学给小娃拍身份证呢"，父亲回答道。这时洪琼感到十分的尴尬，瞬间就涨红了脸，身体也不自觉地往筐里缩着。从筐缝里看到大妈走远后，她才又把头慢慢地探了出来。

走了半个多钟头后，他们终于抵达学校。父亲把骡子拴在一棵树下，先抱出了洪琼妹妹，接着把洪琼抱出来放在花台上坐着，随后就把她背进了照相的教室。洪琼坐在凳子上，双眼无神，一脸的无奈，这虽是她第一次拍照，但她却没有常人的激动与兴奋，只是生无可恋地看着镜头。咔嚓，一秒钟不到，她的第一张身份证照片就拍好了。父亲又把她背在背上，慢慢走出了教室。这时她的余光瞄到操场上坐着的大妈们，隐隐约约能听到一些谈话声，她便感觉那是在谈论自己。

洪琼从未想过，自己会以这样一种方式回到那个曾让她魂牵梦萦的地方。没过多久，她就拿到了自己的第一张身份证，上面赫然印着"杨洪琼"这个新名字，但那时谁会知道这个名字将在十几年后被全国甚至世界人民熟知呢。此时，洪琼已经18岁了，照片上的她留着厚重的齐刘海，婴儿肥的脸上还挂着几丝愁容。

没过多久，父亲用同样的方式驮着洪琼去县里办了残疾证。

当然，和去办身份证一样，她也在不停地挣扎。因为那时的她还不愿承认自己是一个残疾人的事实，所以坚决不同意去办理残疾证，如果办理了就证明自己真的永远站不起来了。但最终迫于父母的多次劝说——拥有残疾证每个月会有一定的补贴，她也心疼父母，明白他们的艰辛与不易，便不情不愿地办理了残疾证。这也让她开始重新思考，身带残疾的她，活着到底为了什么？

4. 探寻生命之光

"To be or not to be？"这是人们终其一生都在探寻的问题。在意外发生前，洪琼从未接触过死亡，也从未思考过生与死的问题。她认为死亡离自己非常遥远，它不过是电视里演绎的一具具冰冷的尸体和一声声的哭泣罢了。意外发生后，当她躺在屋子里、坐在院子中时，才开始有了大量的时间思考这个沉重而又将可能面对的问题。

出意外后，发小和村里的伙伴每到周末都会来家中看望她，兴致勃勃地给她讲一些趣事，比如哪位同学上课开小差被老师惩罚或是最近哪部电视剧有啥精彩剧情等，一群人就这样乐此不疲地谈论着，整个屋子里充盈着童年的欢声笑语。洪琼看着伙伴们一个个都咧开了嘴，一副副开怀大笑的模样，她多希望自己也能像他们一样无忧无虑，但自己心里却着实高兴不起来，只想躲在角落做个小透明，便应和着不时地挤出几颗大白牙。毕竟她们是好意来看自己，也不好扫兴。

小伙伴们走后，一阵阵的失落感如潮水般涌上心头，感觉稍不注意就可能被悲伤淹没。伙伴们可以活蹦乱跳，可以走得更远，走到更光辉的未来，但自己却只能整日躺在这间闭塞的小屋里，日日夜夜地困在床上，就像卢梭所说的一样："生命不等于是呼吸，生命是活动。"她渴望从前那种奔跑的、自由自在的感觉，而不是这般残喘于人世。若自己从未拥有过，那也便不再奢望些什么，但为什么让自己拥有后，上天又如此狠心地将它夺去呢？想着想着，洪琼便陷入了一个无底洞中，任凭奋力挣扎也走不出来，内心还格外酸楚，感觉轻微的呼吸心就会疼痛起来，眼角也不自觉地泛起了泪花。

洪琼有一次特别想吃芋头，母亲便煮了一大盘放在床头她可以躺着用手拿到的地方。放好后，母亲便出去做饭了，洪琼躺在床上边看电视边享受着软糯香甜的芋头，正当她吃得起劲，伸手拿一个芋头时，"啪嗒"一声，芋头和盘子散落一地。出于身体的本能，洪琼想去把散落一地的芋头捡起来，但她还没意识到此时她的上半身还未能恢复，下半身就更不用说。她用力从床上往下伸手去捡芋头，正当她为捡到一个芋头而高兴时，自己的身体却重重地从床上摔到地上。她并没有感到疼痛，只是被这突如其来的坠落吓到，她害怕极了，如同一只受惊的猫咪发出凄厉的尖叫。

　　母亲张士英在厨房听到女儿的叫喊声，连忙丢下锅铲跑进屋里。看到洪琼躺在地上尖叫大哭，芋头散落一地，母亲一下子急了，不知道怎的，朝洪琼吼了一句："我一脚就可以把你踩死。"洪琼听这话后，大声哭喊道："你直接把我踩死好了，反正我也不想活了。"母亲又气又心疼："你咋个这么憨，不怕呢，慢慢就好了。"母亲知道，女儿只是说气话，便没有多想，把洪琼背回床上，收拾好屋子，就又出去做饭了。不承想，自杀的念头此刻就在洪琼幼小的心中种下了。

　　天气好的时候，父亲杨龙德就用他那有力的臂膀，把洪琼抱出来在后院里晒太阳，他们则去地里干活，每两个小时左右回来看一次洪琼。她就坐在刷得锃亮的黄褐色木质靠椅上，木椅上还有家里特意缝制的软垫子，她两腿分别被固定在两个一模一样的木质靠椅上。若没这两把固定椅子，那她的两条腿便会随意倒去，连带着上半身也会重重地滑向地面。

　　有时，家里的金色小猫咪也会静静地趴在洪琼旁边的靠椅上，懒洋洋地陪着洪琼一起晒太阳，妹妹则在旁边嬉戏，远远看去，好一幅温馨的画卷。在阳光下，小猫的每一根毛都闪着金光，它总是眯着眼睛，四肢舒服地摊开着，时不时地翻个身，粉嘟嘟的小嘴张得大大的，打着哈欠，不一会就进入了梦乡。妹妹玩累了便弄块布铺在地上，随意地趴在洪琼身旁睡下，看着她们睡得如此安逸，洪琼心里也不免欢喜。她就这样和妹妹、小猫一起面向太阳与群山，度过了一天又一天，看着太阳一点点升起又一点点落下。自己的影子一点点拉长，又一点点变小。门前的高山一点点变成金黄，稻谷一点点弯下了腰，她的思绪也时常飘向远方。

洪琼享受着在院子里晒太阳的快乐时光，但长此以往也出现了一个大问题——褥疮。由于洪琼时常以一个姿势坐着晒太阳，臀部右边长期受压较大，造成缺血缺氧性皮肤软组织坏死，但因为位置过于隐秘，洪琼本人下半身没有疼痛感察觉不到，以至于越来越严重，到最后恶化成褥疮，时常流出一些脓液，还是外婆在一次给洪琼洗澡时发现的，于是外婆给她擦了些小孩子常用的爽身粉，还时常给她翻身，直到半年多后伤口才慢慢结了痂，但这也在洪琼心里结了结。因为家人担忧她的身体，便不允许她出去坐着晒太阳，她就只好一直躺在床上看着天花板和一些无聊的云南山歌影碟片。

出事前，学校一放假，洪琼最喜欢的便是看电视，可以说"两耳不闻窗外事，一心只想看电视"。《还珠格格》《情深深雨濛濛》《武林外传》等都是她童年满满的回忆，每当父母不在家时，她便会和弟弟偷偷打开电视看。为此，姐弟俩还在长期斗争中锻炼出了"神乎其神"的听力，可以分辨出路过自家门前哪个是父母的脚步声。每次听到父母回家的声音，他们就赶紧关上电视，飞速坐到书桌前假装写作业。父母进屋后，会习惯性地用手摸一下电视机上盖，如果有发热，就免不了狠狠地对姐弟俩进行一番批评。那时候，洪琼最大的愿望就是能够没有时间限制地看电视。然而，出事后，她可以整天躺着看电视了，愿望是终于实现了，但她却一点也开心不起来。

那时候村里不是家家户户都能拥有电视机，有几户没有电视机的村民就天天晚上来洪琼家看电视。

每到夜幕降临，五六个人就会不约而同地挤在洪琼狭小的房间里看电视。小孩子们跑进跑出的，喜欢随意地站着、坐着，有的坐在地上目不转睛地盯着电视；大人们则有的坐着小木凳，有的坐在洪琼的床沿，边看电视边拉家常，每一次来还时不时用惋惜的口吻对洪琼父母说："好好一个小姑娘，怎么就这样了呢，阿花学习又好又漂亮，要是没有残疾，以后肯定会……"洪琼就在旁边，越听越难受，感觉自己一无是处，伤口一次次被别人揭开，还撒上一把盐，疼得她直钻心，眼泪也在电视光暗下的那秒缓缓流下了脸颊。于是，她便让父亲把电视机搬回堂屋，自己也不去厨房吃饭了，每天的一日三餐都让妹妹端到自己的床前。那段时间她几乎完全把自己封闭起来了，甚至奶奶去世，她都没有踏出房门。

静夜思，往往在夜深人静时，是一个人思绪最容易伤感的时候，但也正因如此，一个人才能更心无旁骛地思考人生。对于洪琼而言，尽管她的身体被禁锢在床上，被束缚在家中，但她的心灵却常常在黑夜的掩护下悄然出逃。她的灵魂在夜幕的掩护下自由穿梭，摆脱了残废躯壳的束缚。在夜的世界里，她自由游逛，聆听内心的呼唤，让思绪随风飘荡，寻找那份久违的宁静与

杨洪琼和家人合影

自由。

　　洪琼对夜静默地诉说着出事以来的种种，她一想到后半生还得躺在床上，便觉得活着没有意思，生活也缺少继续的动力，更不知道自己未来要做什么，会成为什么样的人，她甚至不记得自己上一次发自内心的笑是什么时候了。这时脑子里的一个声音告诉她："不然你报答完父母的恩情，就去吃农药吧，下辈子投胎做一棵没有疼痛的大树，尽情地去吸收阳光雨露"，想着想着她便迷迷糊糊进入了梦乡。

　　自从那晚以后，自杀的想法常常萦绕在她脑海里，直到有一天她在看电视时，看到一个白发人送黑发人的场景，她便不自觉地联想到自己。电视里的人哭得稀里哗啦，她也不自觉地开始抽泣，她不敢想象如果自己真的走了，父母是不是也会这样的痛心。本想着报答完他们，自己就静悄悄地走，没想到欠父母的越来越多，就像一个无底洞，根本偿还不清。此时，母亲正好进屋来了，她便用被子轻轻地擦拭了眼角。母亲温柔地问道："怎么了？"她沉默不语，只是把头转向了墙面，心里想着或许好好活着才是对父母最大的报答。是啊，人不应该只为自己而活，否则就失去了生命的意义。在精神与肉体的双重打击下，洪琼最终选择了活下去。她不敢想象如果自己死了父母会崩溃成什么样子，她不能离开弟弟妹妹，这是对自己负责、对家人负责，也对所有关爱自己的人负责。那时的她已然是一个内心的"强者"，毕竟，放弃很容易；活着，好好活着才是最难的。此刻的洪琼像一株努力汲取阳光的龙女花，即便陷入泥潭，仍向阳而生。

　　人生是由一个个选择构成的，每时每刻都要面对选择，那小山村里终日躺在床上的洪琼不知道，自己将要面临比常人更为艰难的选择。

第四章　逐梦而行

1.站在人生的分岔口

人生，如一张精心设计的试卷，每个阶段皆为其上的一道独特小题。当我们站在人生道路的分岔路口，面临选择时，其实无需过分纠结对与错。因为每一次的选择，无论走向何方都是命运精心编排的一部分，都是最好的安排，我们只需坚定信心，勇敢向前。

屋外的日光弹指而过，屋内的洪琼也出落成亭亭玉立的大姑娘。她本以为自己会在家中平淡地了此余生，但事与愿违，自成年后，家中上门求亲的人陆陆续续来了几个，打破了家中原有的平静。洪琼谈到当年和她同龄女孩子的境遇，感触很深："在农村特别是部分偏远山村，不读书的女娃早早结婚生子再正常不过，很多人连九年义务教育都没有完成便早早辍学，在外打工一两年就回到老家懵懂地被推入婚姻的'深渊'，等待她们的，或许就是生娃、带娃、种地、打工这样机械的一生。"

父母都很尊重洪琼的想法，只要她不愿意，就把提亲的人给拒绝了。这本就是个你情我愿的事情，提亲人知道被拒绝，自然也就知趣离开。直到一个人的出现，深深刺激到洪琼，促使她走向了一条新的道路，最终迎来了不同的人生。

有一年冬天，附近村的一个朋友来洪琼家玩，过后没几天，那个村一名 30 多岁的男子就来到洪琼家里做客。罗平的冬日是阴冷的，就如同一位受伤少女的心情，阴郁沉闷，要么是阴沉沉的白茫茫一片，要么就是淫雨霏霏，连日不开，还夹杂着一股湿冷的空气，一来就得持续半个月，甚至更长。遇到这种天，洪琼特别不想躺在床上，只想坐在厨房灶门口烤火。

杨洪琼家厨房

洪琼家的厨房是在院子一侧单独的一间矮小的房子，墙壁是用山上就地取材的斑驳红石头与水泥砂浆混合垒成。从外面看，屋子的左下角是一扇晒得发灰起皮的木头门，左边正中的窗是由几根钢筋焊接搭成，呈现出一个个镂空的长方形，这个小小的窗口是厨房的"眼睛"，也是关上门后唯一的光亮来源。从里面看，因为常年烟熏火燎，已经看不清墙壁石头的轮廓，墙壁和头顶的瓦片看上去漆黑一片。特别是靠灶一边的墙壁早已被烟熏得油黑油黑的，像用沥青涂抹了一样，这让本就光线不足的厨房更为昏暗。

这天吃完早饭，洪琼正和往常一样背对着门在灶前烤火，忽地发现屋内的光亮被一个黑影遮住了几秒，随之是越来越近的厚重脚步声，她猛地回头，正好和一名男子对视，不由得红起了脸，便迅速转了回来假装若无其事地烤火。在昏暗的光线下，看着男子整体穿戴还算整洁，很陌生，从未见过。男子拿了凳子顺势坐在离她不远的地方。两人就这样低头不语，厨房也静得出奇，空气中回荡着他急促的呼吸声和木柴燃烧的噼噼啪啪声。

没过多久，男子便起身回家了，尴尬的气氛终于结束了，洪琼这才长舒了一口气。几天后的一个傍晚，村里的一个大妈来到了洪琼家中，寒暄了一会儿后试探性地说明来意。她说是为那天来的一个男娃娃来说亲的，前几天男方来家里看过洪琼，十分满意，这才托她这个中间人过来问问情况。"看你家小妹和男方也十分般配，女的俊，男的勤，以后肯定能够把日子过得红红火火……"她边说，边发出咯咯的笑声。或许是性格使然和岁月的沉淀，造就了她的一张巧嘴，能把一个个普通的人说得天花乱坠，方的能说成扁的，扁的能说成圆的。洪琼父母坐在旁边说："我们肯定希望她早成家，但还得看她自己的想法。"

媒人走后，父母进屋语重心长地问洪琼的意愿，她其实在屋里隐约听到了对话内容，就直说不愿意，母亲也没再多说什么。洪琼坐在屋里听他们说话时，心里就十分抵触这件事。自己并不是讨厌这名男子，而是不喜欢以介绍的方式谈恋爱，只想找一个像电视剧里演的那种两情相悦且自由恋爱的，不是如现在这般身不由己地凑合过日子。

洪琼一家以为这一家会像以前说亲人家一样，被拒绝一次就算了，没承想还没过几天，男子的婶子又来撮合。她和洪琼父母坐在客厅里，一边嗑着瓜子一边说着自家侄子各种优点。"只要你家小妹嫁到我家，肯定不会饿着，我家侄子特别地勤快，地里一年四季都有菜，平时还到镇上跟着他爸做买卖。只要小花来家会做个饭，给侄子做个伴，结个后代就行。"她一双圆溜溜的大眼睛转得飞快，伶牙俐齿的巧嘴还时不时地发出阵阵笑声。当地有一句话形容她这样能说会道的人，即"房子上的雀都能被她哄下来"。母亲张士英显然被说动了，但无论说得再动听，母亲他们还是会听取洪琼的意见。

"花儿，你要是嫁给他，我们两家隔得不太远，白天做完活，晚上我们还能来看看你，他爸他妈还好。"洪琼看得出母亲被说动了，紧接着她发现母亲眉头微蹙，欲言又止，便让母亲继续说。没承想母亲说："她还问你能不能生育？"听到这儿，洪琼心里猝然一紧、一动，感觉到被针戳一样的疼痛。屋里的空气也突然安静了，母亲劝说了她几句便被打发出去了。她就静静坐在房间里想着，原来别人看上的不是她这个人，而是她传宗接代的能力，越想越觉得愤怒，更多的是对现状的无奈。

之后的数月里，男子一家还不死心，竟然去说服了洪琼外婆来给洪琼做思想工作。外婆拉着洪琼的手认真地说："男方家来和我说，你和他刚好般配，本来我也不喜欢他们这样，但仔细想想确实男方人也不错，你年纪也不小了，可以考虑考虑。"洪琼心里更不开心了，觉得那家人太过执拗，居然把外婆搬来打感情牌。外婆自然是她的软肋，很多时候外婆的建议她都会听，但这次除外，她又一次坚决地拒绝了。

不过，洪琼还是低估了这家人的固执程度，他们再一次上门来劝说了。这天洪琼家刚吃完早饭，母亲在收拾碗筷，父亲和洪琼坐在一旁烤火。忽地就听到外面的狗叫，还有女人同周围邻居打招呼的声音，声音逐渐逼近。洪琼知道，那个男子的婶子又来了，心里便烦躁起来。

女人进门后，便熟络地与洪琼父母聊了起来，还时不时表现出她家侄子真的和洪琼很般配的意思。洪琼的胸腔本就充满了对女人的怒气，就像拉断了引线马上就要炸响的地雷，女人又一直说个不停，洪琼终于在沉默中爆发了。

"爸、妈，我什么都可以听你们的，唯独婚姻我不听你们的！"她声音颤抖，涨红着脸，对着父母和女人坚定且大声地喊出自己的想法。时间仿佛静止了，原来的谈笑声、洗碗声戛然而止。不一会儿，女人做了简单的告别，便沉着脸离去了。

洪琼知道，父母希望自己能成个家，生个娃，这样自己的后半辈子就有了依靠，但自己又不是任人摆布的木偶，而这次说亲事件也让她坚定了走出大山的想法。夜里，她常常想着，自己虽然身有残疾，但不能止于生育价值，更不想去依附谁没有尊严地过一辈子，父母终将有老去的一天，自己不能继续待在父母身边了，得走出家门，走出大山，找到一条能养活自己的路。

然而，她用手摸着自己的腿，就像摸木头一样。怎么走出家门？如何走出大山呢？想着想着，内心的无奈与恐惧像海浪一样向她袭来，稍有不慎就会将她吞噬。

好在移动互联网的普及，使洪琼与世界重新联系在了一起。2011 年父亲给洪琼买了一部手机，让她冲破了内心的牢笼和大山的束缚，看到了更广阔的世界。这是她的第一部手机，一部 400 块钱的智能机。在今天看来，那或许已是古董，但那时却还真是个时新物件，最重要的是它还能上网。洪琼家在半山腰，屋子里的信号时断时续，屋外信号要好些，她便常常一个人从屋里一点点爬到屋外联网，搜索各种关于残疾人的消息。机缘巧合下，她看到了河南的一所残疾人学校，这令她激动不已，便兴致勃勃地和父母说自己想远赴河南求学的想法。

听到洪琼的想法，杨龙德夫妇二人双双摇头，毅然决然地否定了女儿。一方面，河南离云南太远了，他们不放心女儿在离家几千里外的地方一个人生活。不说在学校洪琼无法独立生活，就说夫妇二人把洪琼顺利送到学校都难，河南于他们而言，最多就是电视上的河南电视台，而如何到达河南也是个大问题，毕竟二人也没读过多少书，一个小学没毕业，一个连学校大门都未进过，这也成为他们出行的最大障碍。另一方面，洪琼已经 22 岁了，已然错过了读书的最佳年龄，在村里这个年纪正是结婚的好时候，他们现在也希望洪琼能找个好人家安定下来。

正如金斯莱所言："永远没有人力可以击退一个坚决强毅的希望。"在洪琼心中，走出大山去求学的梦想早已深深扎根，如今更是生发出坚韧的嫩芽。她深知，这条道路或许充满荆棘与挑战，但她决不会轻言放弃。因为她坚信，只要心怀希望，坚定信念，就没有什么能够阻挡她追逐梦想的脚步。她继续每天搜索关于残疾人和残疾学校的消息。终于，她搜到了在省会昆明的残疾人学校——云南省华夏中等专业学校（现为云南特殊教育职业学院）。

云南省华夏中等专业学校是我国西南地区唯一一所以招收残疾学生为主的特殊普通中等专业学校。1991 年建校以来，华夏中专始终坚持勤政务实、开拓创新、不断探索，构建起符合国情、省情并能适应残疾人特点及市场需求的办学格局，走出了一条残疾人与健全人结合，初、中级培训与中、高等职业教育并举，学历教育与技能培训同步的办学路子，在云南省内很是出名。

当洪琼看到华夏中专的官网介绍时，她走出大山的梦想再次被点燃了。她鼓起勇气和父母说自己想去昆明读书。杨龙德夫妇还是有些犹豫，没有马上答应洪琼。张士英回娘家忧愁地向母亲说道："妈，你看没得钱，小花还要克读书。"

"那么大的年纪，还读什么书呀，20多岁了，怎么读书呀！"即便是很爱洪琼的外婆也不理解她的选择。

抱着一种"置之死地而后生"的决心，洪琼之后多次央求父母带她去学校看看。"如果学校能收那不更好吗？学校不收，那我也坐了一趟火车，看了一次昆明的风景。"她用真诚且坚定的眼神看着父母。看着女儿对读书那渴求的眼神，杨龙德夫妇也松口了，但当时正是农忙时节，无暇带洪琼去昆明看学校，便托了在昆明的侄女先去查看华夏中专的真伪与教学环境。侄女打听后说学校很好，校长同意洪琼在9月份入学。得到这个消息的杨龙德夫妇悬着的心才稍稍放下。看着开学的日子一天天来临，女儿沉浸在准备上学的喜悦中，但杨龙德夫妇却着实高兴不起来，因为还面临着另一个问题——学费，毕竟对他们来说这是一笔不小的开销。

夫妻二人在多次商量后，决定借钱供洪琼去上学，之后外出打工挣钱还清债务。这一步，对他们来说实属不易，因为当时洪琼家也和村里人一样靠天种地、靠土地吃饭，家家户户都不是很富裕，很少有人有外出务工的想法，都是守着自家的一亩三分地过日子。然而，为了女儿的愿望，杨龙德夫妇不得不背井离乡外出打工。尽管承受巨大经济压力，但只要洪琼想做的事，夫妻二人都支持。在得知洪琼要去读书的消息后，就再也没有人上门求亲了。

开学的日子一天天逼近，洪琼在喜悦中又夹杂着一股莫名的情绪，她害怕未知的世界，不知道未来将会是什么样。但是，这一步至关重要。人生，其实真正起决定作用的，就那么几次选择。时代点燃了大山女孩的梦想，从此洪琼走出大山，走向世界，登上了最高领奖台。

2. 为梦想走出大山

开学前夕，杨家人听说像洪琼这种情况可以向县里残联打报告，说不定会得到政府一些帮助。杨龙德抱着一丝希望，走了很远的山路到了县残联。工作人员热情接待了洪琼父亲，了解情况后，便主动帮忙给洪琼办好了残疾人相关手续，并免费赠送了一张轮椅。这对洪琼来说弥足珍贵，因为这是她人生中的第一张轮椅。看着崭新的轮椅，洪琼就像看到即将开启的新旅途一样。

开学的那天，本来杨龙德夫妇二人是想一起送女儿到昆明学校报到的，奈何家里的猪、牛、骡子之类的牲口必须有人照看。杨龙德便请了洪琼的大姨父陪她们母女去昆明，自己则留在家里照看牲口。一大早，杨龙德就牵出骡子，把洪琼抱上马鞍，拿着手电筒，沿着崎岖的山路，把洪琼送出了大山，送到了火车站。在母亲、大姨父的陪护下，洪琼顺利坐上了开往昆明的绿皮火车。这是她第一次出远门，心里有三分新奇，三分恐惧，还有四分惆怅。她坐在窗边，双手杵着下巴，斜歪着脑袋，睁大着眼睛看着窗外流动的房屋、田地，感觉一切都是如此的新奇，这是她22年来第一次坐火车。它不似山间汽车那么颠簸，也不似去地里骑骡子那般慢悠，火车发出的咣当咣当声在她听来都无比新鲜悦耳。

火车行驶了6个多小时，快到站时，她的心情又变得无比的复杂，既有对未知的好奇，又有对未知的恐惧。大姨父租了一辆车，到傍晚时分，太阳落山的时候他们才赶到学校。学校不算大，站在正中的广场上便可以将其尽收眼底，围着广场边的是几棵叫不出名的绿树，看起来不是很高大粗壮。学校办学历史和洪琼的年龄差不多，广场中央是个篮球场，有几名男同学在打篮球。

"这是哪门子残疾人学校呀？都是些正常的娃娃嘛！"母亲张

云南省华夏中等专业学校

士英看着这几个跳来蹦去打球的学生脱口而出。

洪琼胆怯地坐在轮椅上，眼前的一切都让她惴惴不安。大姨父背着行李，推着洪琼，转过头和母亲说："你好好看看，这里面打球的有的只有一只手，有些是拄着拐。"

看着黄白相间五层高的教学楼，张士英眉头紧锁，开始担心起来，因为那一层层的楼梯仿佛在告诉她——女儿不属于这里。

大姨父找到接待新生的老师，联系上了洪琼的班主任。班主任热情地带着他们到了学生宿舍，并说道："你们先入住，明天再办理入学手续，有什么事情就找我。"班主任走后，洪琼仔细打量着宿舍，摆着三张上下床，都是空空的，洪琼选了靠近门口的那张床，母亲和大姨父就帮着把床铺好，行李放好。

本来三人合计着大姨父就在宿舍将就一晚，如果住外面的旅馆得花好几十块钱。没承想快睡觉的时候，来了查寝的同学，一看屋里还有男家属，就立马没好气地说："你为什么这么晚了还在女生宿舍，赶紧出去。"母亲说道："这房间也没有别人，就让我们住一晚吧。"那同学说道："女生宿舍不允许男的停留太久。"最后实在没办法，大姨父只好出去住旅社了，母亲则陪洪琼住了一晚。

第二天，母亲和大姨父推着洪琼办好了入学相关手续，带洪琼出去买生活用品，路过校外的十字路口时，大姨父叮嘱洪琼：过马路时要看准过往的车辆，洪琼悻悻地点着头。路上听到大姨父和母亲商量着回家的事，洪琼的心咯噔一下，多想母亲能陪自己多待几天。母亲心里也很放心不下，便说："要不明天下午我再回去嘛，再看看她在这里能不能适应。"回到宿舍，陆续有新同学住进来，家长之间聊起了各自的孩子，洪琼则在边上静静地听着。一位同学家长看着张士英满脸愁容，又看了看洪琼，便安慰说："在学校老师会照管她，同学都会帮助她、关心她，你不要担心，送出来就好啦。"张士英回答道："是啊是啊，这年头好人还是多呢！"

到了第三天，吃完早饭，母亲和大姨父要赶回家了。母亲交代了洪琼几句，便和大姨父离开了。看着他俩的背影，洪琼忍住不让眼泪出来，但红了的眼眶却骗不了人。母亲和大姨父走出校门后，大姨父特地交代："小花刚来学校，估计会不习惯，过几天肯定会打电话让你们来接她回家，到时候你们要狠心点，千万不要去接她嘎！"张士英回答："嗯，嗯。"

回到家中，张士英看着女儿的房间，听不到她平日里叽叽喳喳的说笑声，房间变得空荡荡的，她的心也觉得空落落起来。洪琼出事后，在家躺了将近十年，还从没有独自离开过家，如今，却远在他乡。洪琼上学了，能独立了，不需要自己每隔两个小时回来看她了，张士英从心里是高兴的。但洪琼不在家，小女儿也去上学了，丈夫和儿子也即将启程去外省打工，突然就感觉家里冷清得很。想着想着，张士英的眼眶漫上了泪意。

"姐，我回来了。"妹妹背着小书包，一蹦一跳地跑进屋里就找姐姐。张士英听到小女儿的动静，生生把泪意压了下去，假装若无其事地扫地。妹妹放下书包见床上没有姐姐，就开始四处寻找，但找遍了所有角落都不见姐姐，便焦急地过来问姐姐的去向。看着女儿眨巴着水汪汪的大眼睛，着急找姐姐委屈巴巴的样子，张士英也不忍心再隐瞒她了："你姐姐克读书了，要放假才回来。""不行，不行，我姐不能克读书，她要陪我玩。"张士英放下扫把，略带忧伤地说着："妹妹呀，不能只给你读，不给你姐姐读呀，也要给你姐姐换口饭吃呀。"幼小的妹妹并不懂得"换口饭吃"（云南方言，意思是有个工作，能够养活自己）对姐姐意味着什么，她只知道给自己梳头、陪自己游戏的姐姐不见了，就不停地哭闹起来，张士英被小女儿弄得越发烦躁，便想让她停止哭闹，没承想哄着哄着把自己先前硬压下去的泪水给引出来了。夕阳的余晖透过窗户斜射进屋子里，一对母女抱在一起放声痛哭。

洪琼也同样牵挂着家人，尽管是她自己主动选择离开生活了二十多年的地方，前往外地求学，但每当夜幕降临，她总会陷入对家的深深思念之中。在梦中，她仿佛又回到了那个熟悉的地方，一草一木都显得如此亲切，家的温暖与安宁让她魂牵梦绕，无法忘怀。这份对家的眷恋和思念，成为了她求学路上最坚实的情感支撑。

由于在家里封闭了近十年，她养成了沉默少言的性格，除非必要，不然很少主动与舍友搭话。舍友们虽身体情况各不一样，但都比较乐观开朗，在宿舍里时常能听到她们的欢声笑语。这欢声笑语也慢慢地感染着角落里沉默的洪琼。

　　或许是与舍友年龄差距大，存在代沟。毕竟她是班级里唯一一个坐轮椅的，同学与她年龄相差最小也有 4 岁。又或许是在家封闭了近十年，她已经忘记了如何与陌生人交流。洪琼内心涌动着强烈的表达欲望，但她的嘴巴却如同被泥土紧紧封住，无论如何努力，也难以吐露一个字。每当舍友与她交谈，她只能从齿间挤出几个字，声音生硬而牵强。而在其余的时间里，她就像一尊静默的木头，静静地坐在床上，眼神空洞地盯着手机屏幕，试图用这种方式来掩饰内心的孤寂与落寞。这样的状态持续了一段时间，她在沉默中独自承受着心灵的煎熬。

杨洪琼和小伙伴们一起出去玩

　　人在孤独时总会想家，想起家里的亲人，因为那里是心灵的归宿，是港湾。洪琼也一样，她总会在孤独时给母亲打电话，诉说学校的点滴日常，她素来习惯报喜不报忧，然而，电话那头母亲轻柔的声音却像春风拂面般轻易击破了她心中的防线。她声音微微颤抖，带着几分不易察觉的哭腔，努力压抑着内心的情绪波动，不愿让母亲察觉到她的脆弱。但哪个孩子能瞒得过母亲，很快母亲察觉到电话那头声音的异常，便开始耐心地问洪琼是不是发生了什么。她这才说出实情，自己长期脱离学校跟不上课程，学习压力压得自己喘不过气，更重要的是她好像与同学们格格不入，就想退学。

　　母亲听后，心想果然被洪琼大姨父说中了，便开导起女儿："不怕的，慢慢就好了，交了那么多的钱，你现在退学，学校是不会退我们的，我们一天在山上面朝黄土背朝天呢苦得几块钱……"洪琼也明白父母的不易，听着听着下巴开始不断地抽搐，泪水也扑簌簌地从脸上滚落。她怕母亲担心，便迅速按了电话的挂断键。

　　两周后，巨大的学习压力和陌生的新环境，让洪琼身心陷入了困境，甚至还进了医院。对于新的知识还好，大家都未接触过，在同一起跑线，但像数学、英语这样的通识课程，洪琼就如同在听天书。不同于寻常人，听不懂就不听不学。洪琼是一个好胜心极强的人，她越不懂，就越逼自己去学，越强迫内心就越抵触，越抵触越强迫自己。洪琼把自己逼进了死循环里出不来。然而，知识的积累并非能一蹴而就。正如俗语所言："心急吃不了热豆腐。"强行追求速度，反而会像烫伤自己一般，带来无尽的痛楚。洪琼正是陷入了这样的困境，她的内心如同被撕裂一般，一边迫切渴望学习，渴望突破，一边又深感无力，始终难以掌握要领。这种挣扎，让她倍感煎熬，仿佛陷入了一个无法挣脱的旋涡。

在巨大的心理压力下，她吃不下饭，睡不好觉。一天，她没有像往常一样和舍友去上晚自习，而是以身体不舒服为由在宿舍休息。内心的煎熬与痛苦让她不想去教室，她越想越觉得自己差劲。这时她想起身去厕所，没承想刚从床上坐起来，手杵到轮椅的边上，就两眼一黑重重地摔倒在宿舍冰冷的地板上。舍友晚自习回来后，发现倒在地上的洪琼怎么也叫不醒，吓得立马去喊班主任，同时拨打了120。好在最后没什么大碍，就是心理压力过大造成的。班主任也在这件事中注意到了洪琼的特殊。

9月20日是洪琼身份证上的出生日期，这天晚自习开始半个多小时后，班主任提着一个生日蛋糕走进自习室，笑眯眯地说道："同学们，今天是咱们班上一位同学的生日，我们今晚一起给她过个生日。"班里顿时热闹起来，洪琼和同学们左顾右盼，大家心想："谁啊？这么幸运！"

"杨洪琼同学，生日快乐！"班主任端着蛋糕走到了自己面前，同学们也都才明白，原来今天是洪琼的生日，"洪琼，生日快乐！"大家齐声喊道。

洪琼不敢相信，班主任能够知道自己的生日，还精心给自己过了生日。那天晚上，她和老师、同学们一起吃了蛋糕，大家给她唱了生日歌。自此，洪琼逐渐变得开朗起来，和同学们的交流也渐渐多了起来。

时间一天天过去，很快到了期中考试，洪琼心想估计垫底了，没想到自己居然排名第五，这给了洪琼很大的信心。也可能是老师的话让她坚定了努力的意义："你们来自不同的地方，知识基础也参差不齐，我不希望你们班有一个同学挂科，学校是综合平时分和卷面分而给出最终成绩的，平时分也就是按照平时课堂认不认真听讲，课后有没有按时完成作业来评定。"洪琼也慢慢适应了校园生活，课堂认真听讲，课后按时完成作业。她往家里打的电话少了，也学会了放松自己。除了暖心的班主任，这都得益于她遇到一群友爱善良的朋友们。

3. 校园情谊深

每个人年少的时候，都会有一些朋友，在纯真的青春岁月中，给予彼此温暖与快乐，扎根于心间，成为友谊幸福之花，绽放在青春年代。洪琼在昆明读书期间就有幸遇到一群好朋友并结伴前行，温暖彼此。

华夏中专教学楼的女卫生间在二楼，从一楼到二楼有一个

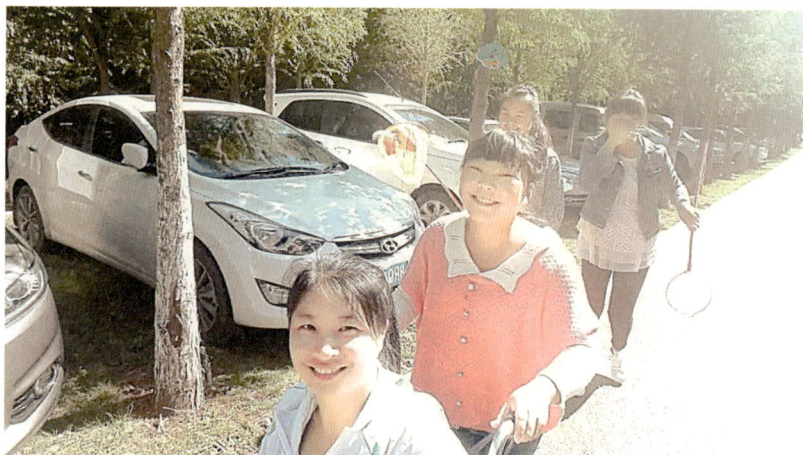

杨洪琼和同学们周末出行

30 度的环行坡道，可以供轮椅滑行。但那时的洪琼刚坐轮椅不久，对轮椅的使用还不熟练，手的力度把握不好，经常把自己弄得四脚朝天，更不要说滑上小陡坡。每一次她想上卫生间都需要舍友们在后面推着轮椅助力才行，但舍友不可能时时刻刻都在身旁。当她一个人时，便向离她不远的男同学比一个 WC 的手势，他们便领会其中意思，赶紧跑过来热情地推洪琼上楼下楼。

洪琼学的专业是计算机应用，这门课的专业课教室多在 4 楼或 5 楼，全班同学都是残疾人，但是坐轮椅的就只有洪琼一个。因此，每次上下课都是班里的男同学背她上下楼，班上所有行动方便的男同学都背过她。有时没有男同学在，就女同学上。其中，娇娇就常常担负背洪琼的重任。娇娇是轻微脑瘫，肢体稍有不协调，说话有点不太清楚，个子在女同学里算高大的。由于洪琼是宿舍里年纪最大的，所以她习惯喊洪琼"大姐"，而年纪最小的她背上洪琼却异常地稳当。

有一次几个同学相约去逛街买东西，途中洪琼突然想上厕所，找了半天才找到公共厕所，但厕所在二楼，轮椅上不去。娇娇立马把洪琼背起，由于在背的

好友娇娇推杨洪琼出门

过程中挤压到了洪琼肚子，洪琼在娇娇的背上没忍住，几人的行程被打断了，只得打道回府。回到宿舍，娇娇还帮洪琼洗了换下来的裤子，把轮椅也洗得干干净净地放在院里晒着。之后，再出去玩，娇娇都会贴心地先把厕所的位置找好，这已经成为了她外出的一个习惯。

还记得《计算机应用基础》的第一堂课，授课老师讲："你们很多人都是刚接触电脑，学打字很关键，打字快的话在以后的学习，甚至是工作中都可以提高效率。要'盲打'，就是打字的时候眼睛盯着屏幕，不要看键盘，记住每个字母的键位……"老师讲得很细致，洪琼听得很认真，并且也是照着老师说的那样练

习的。进学校前，洪琼只在电视和手机里看到过电脑，她深知自己身体的唯一优势就是动手能力强，所以打心底想学好计算机相关的应用：办公软件、平面设计、视频制作……想着毕业以后能依靠所学有碗饭吃。周末两天，大部分同学都出去玩了，她就泡在学校机房里巩固老师讲过的知识。有时甚至为了一个动画效果达到了废寝忘食的地步，常常是娇娇打电话给她，才想起到了饭点该吃饭了。到后来，娇娇也不再打电话，干脆直接把饭送到机房里。

在课堂上，刚开始她很少发言，因为她胆怯、害羞，但后来有一个人真正触动了她的内心，改变了她的想法。这人就是舍友小陆。小陆是一位美丽的纳西族姑娘，出生在一月的香格里拉。小陆上中专接受特殊教育之前，父母一直坚持让她在常规幼儿园、小学、初中读书，接受了系统的教育。到华夏中专那年，小陆父母也即将退休，为了能够更好照顾小陆，他们毅然决然地举家从香格里拉搬到昆明。小陆给所有人的印象，是一个非常乐观向上、勇于表达的姑娘，洪琼在学校时候受她的感染很大，因此改变很多。

小陆说话时受身体限制，语速较慢，但思维十分敏捷，上课时老师讲的内容她一听就懂，这也让她乐于举手发言，勇敢表达自己的观点。即使很多同学听不懂她说的话，但她却从未放慢举手的速度或是放下那高抬的摇摇晃晃的右手。

小陆勇于表达自我的精神深深感染了洪琼。在和小陆的朝夕相处中，她的心扉逐渐打开。在课堂上她开始尝试主动发言，在生活中尝试多交朋友，渐渐地，灿烂的笑容又重新绽放在她的脸上。小陆后来回忆洪琼给她的最初印象："刚开始她比我还内向，不管做什么都只想当角落里的小透明。"时间不语，却总是会给我们答案。后来，洪琼成了课堂上最爱提问的一个。有时候，老师都被洪琼的问题问倒，便开玩笑地问道："你哪来这么多为什么啊？"

在生活中，她们成为互助的好搭档。由于小陆手不受控制，洪琼和其他朋友就会主动地给她打饭、洗碗、洗衣服，甚至鞋子袜子也照洗不误。只要和小陆坐在一起吃饭，洪琼就总喜欢一个劲儿地给她夹菜，慢慢就成了习惯。许多年过去了，现如今她们一起吃饭，还是洪琼给小陆夹菜。而那时洪琼也同样受到了朋友们的关爱，无论走到哪里，只要朋友们在，她就从未自己推过轮椅。不过这

杨洪琼和小陆合影

种幸福也有"副作用",就是即便洪琼成为奥运冠军了,使用轮椅的技术也不是特别好。

在周末的时候,洪琼和三四个小伙伴经常一起陪小陆回到昆明的家里,几个人都没怎么下过厨,但她们却热衷于一起做饭,彼此相互配合,烧一桌丰盛的菜。晚上她们就会一起挤在小陆房间里睡觉,你一句,我一句,常常畅聊到半夜,成为了她们学生时代的美好记忆。小陆爸妈每次都会给她们准备好多的零食,看到女儿有这么一群好朋友,作为父母,他们感到非常的欣慰。

对洪琼而言,小陆一家早已融入了她的生活,成为了她心中不可或缺的亲人。小陆的父母更是将她视作自家的干女儿,关怀备至。求学期间,小陆的爸爸不仅开车载着洪琼、小陆以及她们的两位好友,一同畅游大理、丽江的秀丽风光,还在假期里带洪琼一同回到了香格里拉的家乡,让她领略了那里的风土人情。随着时间的推移,洪琼几乎认识了小陆家的所有亲戚,两家人的关系也越发亲密,两个家庭因为孩子们之间那份纯真的友谊,结下了深厚的情谊。这种纯粹的关系,无需华丽的辞藻去修饰,只需用心去感受,便能体会到其中的温暖与美好。

洪琼去了滑雪队后,常会打电话给小陆父母:"我现在最惦记的就是叔叔煮的小锅米线。"逗得小陆父母哈哈大笑:"等你回来,管够。"每次从外省训练回来,洪琼总会到小陆家住上一两天,和回到自己家一样,与小陆一家叙叙旧,每次小陆爸爸都会给洪琼做小锅米线吃。

在和朋友们的相处中，洪琼逐渐由封闭内向变得乐观上进。她充分利用课余时间，与朋友们一起参加了许多校内活动，有厨艺大赛、创业大赛等，也都拿到不错的名次。有的朋友说，洪琼曾是一个内敛、不爱出风头，但十分义气、善解人意的人。也有的朋友说，洪琼是一个很低调、有主见、有想法的人，甚至戏称洪琼是她们这个小团体里的"军师"和主心骨。

在校期间，好朋友梅梅曾担任班长和学生会干部，总会遇上一些让她头疼的问题，洪琼总能给她出谋划策，解决问题，这让她更信任洪琼。在一次创业大赛中，洪琼作为带头人，从选题、整合材料、制作 PPT、比赛讲解各个环节，带领梅梅和另外一个同学，获得一等奖。后来，学校搬迁到呈贡大学城的半山腰，洪琼还同梅梅一起做起了"生意"。

2015 年学校搬迁到新校区后，不管老生还是新生对周围的环境都不熟悉，出行也不方便。加之那年冬天出奇的冷，仿佛把人困在一个大冰窖里，冻得人直打哆嗦。洪琼也在宿舍冻得缩手缩脚的。她敏锐嗅到了其中的商机，便在网上买了些手套、围巾、防寒耳罩、厚袜子之类的御寒小物件在学校出售。因为梅梅是学生会干部，人头熟，很多新生都认识她，洪琼便叫上梅梅，利用晚自习和课余时间挨个到教室和宿舍去推销。结果出人意料，"生意"十分火爆，一个晚上所有商品就被抢购一空。洪琼把赚来的钱请朋友们大吃了一顿。

这次尝试让洪琼尝到了甜头，她幻想着如果以后找不到工作就和朋友们开一个小店铺。但世事难料，她在机缘巧合下走上了另一条道路。

4. 结缘体育

为了一瓶洗发水，洪琼与体育结下了不解之缘。

2013年冬季的一天，洪琼听同学说学校即将举行冬季运动会，以班级为代表，只要拿到名次，就会奖励一大瓶洗发水。"还有这么好的事情？那我得报一个项目，试一试总没错！"洪琼那双棕黑的眼睛眯成一条缝，脸庞灿烂得像朵盛开的太阳花。

同学推着她到报名处看了一圈，发现只有卧式举重（以下称"卧推"）适合，她便当即在女子举重项目下写下了自己的名字。残疾人力量举重运动员因为下肢或臀体残障，导致他们无法参加健全（站立）举重比赛。因此，他们参加的是卧推比赛，并按体重等级分类。残疾人力量举重运动员需要仰卧在举重床上，抓住举重杆并将其降低到靠近胸部的位置保持不动，然后将其向上举起，直到他们的手臂到位定型。运动员有三次尝试机会，举起重量最重的运动员获胜。举重比赛允许所有符合最低残疾标准的脑瘫、脊髓损伤、截肢（仅限下肢）和机能障碍运动员参加。洪琼是脊髓损伤，刚好符合条件。

正式比赛这天，天空湛蓝如洗，冬日的阳光把人照得很舒服。洪琼在舍友的陪伴下来到室外的卧推比赛场地，赛场周围已经聚集了不少围观群众，很是热闹。别的选手都在那儿摩拳擦掌，紧张地迎接即将到来的比赛，但洪琼这边还在和朋友有说有笑，一点也看不出紧张的样子。

比赛前抽签，洪琼抽到了中间的顺序，这倒正合她的意，在细致观察对手的同时又不至于承受垫底的压力。此次卧推比赛是非严格标准的比赛，选手们都依次举起40斤的杠铃，按规定时间内举起次数的多少来分胜负。前面的选手都举了30多个，她在心里暗暗给自己鼓劲，心想只要超过她们的次数就好。

躺在卧推举重的垫子上，第一感觉是冰凉冰凉的，但她还来不及想更多，比赛就开始了。她直盯着头顶正上方的杠铃，举起双手拿下放在胸前再双手伸直往上举起，"1、2、3……"洪琼在心里默数着，慢慢地，周围的世界仿佛都静音了，她已经沉浸在自己的世界中。

"39、40、41、42……"洪琼在默默地数着。

"时间到！"计时员的声音把洪琼拉回到了现实世界。

当她放下杠铃时还觉得意犹未尽，对着过来扶她的舍友说："就结束了吗？感觉我还可以举两个。""你已经举得足够多了，赢定了！"舍友一边扶着她坐上轮椅，一边和她开玩笑。最后，有一名选手和洪琼举的数量相同，裁判就让两人再来一轮分胜负。洪琼正跃跃欲试，没想到对方当场放弃了比赛。洪琼就这样赢得了第一名。她自己都不敢相信，抱着试一试的心态参加，居然运气这么好，真捧回了一大瓶洗发水。不过，这只不过是一次小小的开场，更大的机遇还在后头向她招手。

2014年，云南省第十届残疾人运动会在曲靖市举办，华夏中专组团参加，洪琼因在上一次校运会举重项目中表现突出，自然而然地被学校选为卧推举重运动员参加比赛。比赛前，学校的体育老师给洪琼制定了专门训练计划，此时的她不再像去年校运会一般，纯靠体力去比赛。她对卧推有了更全面的了解与认识，也掌握了更多卧推的技巧。对于即将到来的省残运会，她既充满期待，又有些许恐惧。怀揣着复杂的心情，洪琼来到了省残运会

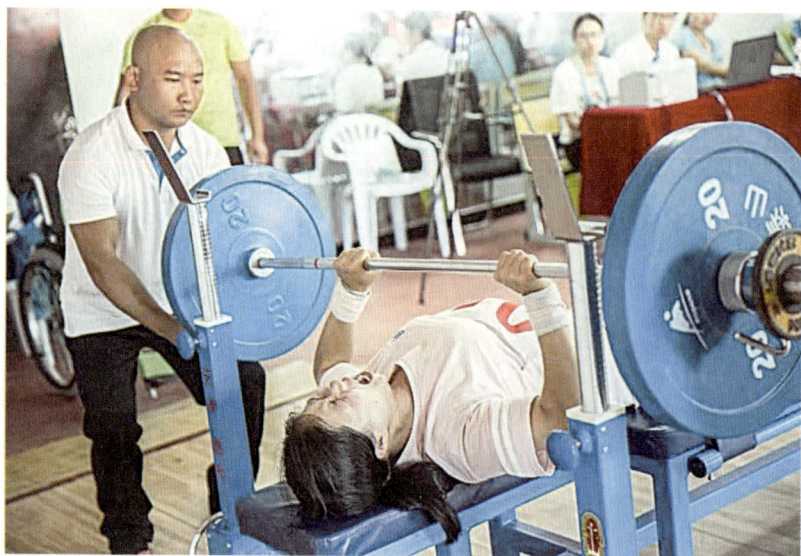

杨洪琼参加云南省残运会举重比赛

比赛现场。

现场没有观众，都是运动员和教练以及服务保障人员，也就少了些嘈杂感。洪琼内心紧张无比，就像一支即将离弦的箭。在推轮椅热身时，她的心就怦怦地直往嗓子眼儿跳，手心也不自觉地冒起冷汗，但发挥还算正常，拿到了女子卧推的银牌。比完赛，洪琼长舒了一口气，如释重负地对教练说："终于可以去看看别人紧张咯。"

洪琼自己推着轮椅，无比轻松，看看这个项目，再看看那个项目。"加油！加油！"洪琼坐在轮椅上，为本校的田径运动员加油鼓劲儿。等运动员跑远，洪琼就定定地坐在跑道旁等待运动员再次跑过来，为他们呐喊助威。

这时一位男老师来到了洪琼身旁，他看上去五十来岁，身板挺直，瘦而不失筋骨，很有精气神。他就是洪琼走上体育赛道的引路人——胡老师。他是四川人，从部队转业后到云南省残联工作，负责在全省各地挑选残疾人运动员已经十多年，可以说是这方面的资深专家了，他为人亲和幽默，大家都喜欢他。

"姑娘，你报的什么项目？"

"卧推。"

"得了第几名？"

"第二名。"

"今年多大了？"

"25 岁。"

"是哪个队的？"

"华夏中专的学生。"

……

慢慢地，当聊到为何从大山走出来读书时，洪琼说道："我不愿仅只作为一个生育机器。"听到眼前的这名运动员说出这样的话，胡老师彻底惊到了，感受到她身上一股特别的拧劲，一看就是不服输的人，这正是体育精神所需要的，以至于多少年后他还能一字不落地复述出这句话来。

或许是缘分的安排，又或是胡老师的人格魅力，洪琼居然没有防备地对他全盘托出。当两人聊得正欢畅时，胡老师提议两人握一握手，并让洪琼用尽全身力量去握。后来洪琼才明白胡老师当时握手的深意，一是更好拉近彼此的距离，更为重要的是测试自己手臂的力量感和看手是否有残疾。

握完手，两人的手都留下浅浅的红色印记，印记还未褪去，胡老师就紧接着问道："你喜不喜欢篮球？"

"不太喜欢。"洪琼如实回答道。

胡老师未曾料到洪琼会如此坦诚直率。事后洪琼才得知，在同批加入轮椅篮球队的队员中，她是唯一一个在选拔时直言不喜欢篮球的人。面对洪琼的否定回答，胡老师凭借自己十多年选拔运动员的丰富经验，坚定地相信洪琼是块难得的璞玉。即便洪琼对篮球并无热爱，胡老师仍旧耐心地为她描绘了省轮椅篮球队的蓝图，希望她能够发现并爱上这项运动。

最后，胡老师笑着拍着洪琼的肩膀说："把你介绍到轮椅篮球，愿意不？"

洪琼胆怯地点点头。洪琼对于新鲜的事物都有一颗好奇的心，心想："篮球倒是知道，轮椅篮球是啥呢？"

后来胡老师回忆起当时的场景时说："短短 20 分钟的交谈，我认定这个丫头，不仅是因为她手臂的力量感，更是因为她眼里流露出那股不服输的劲儿和整个人拥有的饱满精神状态。"

云南省残运会在 9 月举办，比赛完的一个月内洪琼天天心神不宁，幻想着胡老师把自己招进篮球队，可一个月过去了，完全没有一点动静。一天，路过篮球场，看到同班的男生在打篮球，洪琼便想试试，男同学把篮球给了洪琼，她使出吃奶的劲儿投了一个，篮球根本够不着篮筐，心想："这坐着投篮根本不可能啊。"正逢洪琼中专最后一个学期，她也不再心心念念，很快便把这个事情抛诸脑后。一天，她约着同学带着自己平时的设计作品去广告公司面试，广告公司对她的作品很满意，便给她出了一道题，让她回学校设计并制作，如果作品使他们满意，毕业后可以直接到他们公司上班。之后的日子洪琼便开始认真地准备作品，期待着毕业后能到那个广告公司上班。

12 月的一天上午，课间，洪琼在教室和同学闲聊着，班主任来到教室，让洪琼去一趟他办公室。到办公室后，老师眉开眼笑地对洪琼说："我这儿接到一个通知，是选拔你参加省轮椅篮球队的，这是文件，你看一下。"

"老师，你觉得我行吗？"洪琼呆呆地看着老师。

"不试试怎么知道行不行呢"，得到老师的支持，她又仔仔细细地把文件看了一遍又一遍，还掐了一下自己的手，确定是真的后，她的内心激动得如同波涛汹涌的大海，嘴里说了好几遍感谢老师的话。

如今，回想起这段时光，洪琼总是不停地感慨，胡老师就是自己生命中十分重要的贵人，他总是在自己人生重要的转折点，引领自己走向新的征程。

这一阶段的洪琼是努力寻找方向的龙女花，既然无法向下扎根于泥潭，便向上寻找氧气与阳光。

第五章　奋斗的龙女花

1. 推开一扇新的人生窗口

在人生的长河中，每一步跨越都可能是通往未知世界的桥梁。在命运的转折点上，洪琼毅然决然地迈出了这一步，踏入了轮椅篮球的广阔天地，这不仅仅是对新领域的探索，更是对自我极限的一次挑战。轮椅篮球，这个看似与常规不同的运动，却成了她生命中不可或缺的篇章。

2014 年 12 月 15 日，洪琼由好朋友梅梅陪同到了云南省残联，不仅再次见到了她的"伯乐"——胡老师，还见到了 5 名和自己一样的新队员。梅梅走后，洪琼怀着忐忑的心情和新队员上了车，开车的是胡老师。

有时候，命运总是巧妙地在人毫无准备之时，为自己轻启另一扇窗。新鲜的气息透过窗口徐徐涌入，引领着自己遇见一个全新的世界，那里充满了无限可能与希望。

轮椅篮球是属于残疾人特有的运动，运动员主要是下肢截肢、小儿麻痹或脊柱损伤的人。1960 年第一届罗马残奥会上，轮椅篮球被列为正式比赛项目。相比于其他残疾人运动项目，男子轮椅篮球在中国起步较早，但女子轮椅篮球起步较晚。80 年代初期，男子轮椅篮球最早作为康复项目开始在国内开展，北京2008 年奥运会申奥成功后，2005 年全国女子轮椅篮球项目才开展起来，云南轮椅篮球队也是这个时期组建起来的。

到了轮椅篮球训练基地，"推轮椅、运球、上篮、得分"，洪琼和队员在篮球场边上，全神贯注地看着球场上运动员训练的过程，听着她们拍打篮球的"咚咚"声和轮椅在地板发出"吱吱"的摩擦声，心想："我啥时候可以练到这个境界啊"，眼神中还不时涌现出对师姐的钦佩之情。教练叫停了训练的师姐们，招呼她们集中过来，让师姐们好好带新队员。师姐们带着新队员去库房找训练器材，也就是轮椅。一个师姐给洪琼找到一张旧轮椅，调试绑带、调整高度，对洪琼说："一定要坐着舒服了才行，你试试，哪儿不舒服，我们再调。"球队给洪琼的第一印象是场上的师姐们英姿飒爽，场下大家像一家人一样。师姐们有的是儿麻，

轮椅篮球队日常训练

有的是双腿截肢，但是都很阳光乐观，跟胡老师讲笑话、开玩笑，一片温馨的场景感染着洪琼。

"轮椅是冰冷的，但你们要让轮椅跟身体融为一体，就像自己的脚一样，这是每个轮椅篮球运动员的必经之路。"教练对着全体新队员认真地说道。在接下来的几天里，洪琼和其他新队员的主要任务是熟悉轮椅，教练让她们推着轮椅围着篮球场跑圈，每天都是 100 圈起步。6 名新队员就你追我赶地跑圈，各自数着自己的圈数。一早上下来，手常常磨得通红，如果足够"幸运"的话还能看到手掌上晶莹的水泡，但大多时候是水泡早被磨破，外层的皮也不知藏在球场的哪个角落，手背上布满小口子。这些洪琼在跑圈时都没感觉，只有在歇息时，才感觉到伤口被汗水浸得生疼。

训练的轮椅是按各自的身体情况定制的，而新队员用的是师姐们淘汰下来的旧轮椅，这也让新队员在操控轮椅方面产生了不小的阻碍。不同于普通的残疾人轮椅，轮椅篮球比赛中使用的是竞赛专用的八字轮椅，单个售价高达几万元，即便是省级轮椅篮球队也不能在新队员能力尚不确定时，就给配备定制轮椅。因此，很多新队员只能使用老队员退下来加以修复改造的轮椅。洪琼在前期用的就是一位师姐用过的轮椅，坐深较短，她的腿时常会在轮椅上突出一大截，操作起来比较费力，看起来十分笨拙。

同时，这种竞赛轮椅没有所谓的刹车，"走""停"全靠手。要想练好轮椅篮球，要先受得了"皮肉之苦"。教练会制定一系列的训练计划来提高新队员对轮椅的操控力，例如急停、急起、爬坡、运球跑圈等，从而达到人、球、车三合一的状态。

星霜荏苒，居诸不息。洪琼慢慢适应了篮球队高强度的训练，白天跑圈，晚上练投篮手型。几个新队员面对着球场边的墙，把篮球向墙上砸，师姐们在边上耐心指导她们的手形。几个月下来，双手布满了水泡的痕迹，撕破皮后到冬天便会开裂，护手霜一擦辣得直钻心尖，慢慢地，队员们手上便都磨砺出老茧，摸上去还会发出"沙沙"的声音。都说手是"女子的第二张脸"，但洪琼却全然不在意，因为这是轮椅和她融为一体时留下的痕迹。

当她终于能够初步驾驭轮椅，却意外地遭遇了前所未有的挑战——投篮的迷茫。轮椅篮球，其精髓终究在于那精准的一投，将球送入篮筐，赢得宝贵的分数。然而，洪琼在反复练习投篮手型的过程中，却仿佛迷失了方向，始终无法掌握到那份投篮的规律与感觉。不论如何换方法、改动作，都不行。跟她同一批进队的队友都很快找到投篮、跑篮的感觉，她的手却生硬得像鸡爪，篮球投出去砸到篮板反弹出去，教练在场边喊："柔一点！柔一点！"她左一个"砰"，右一个"砰"，篮球砸得满场飞。教练反复告诉她："投篮和跑篮讲究一个柔与刚的结合，你太生硬了，柔一点。"看着队友进步神速，教练教的每一个动作都很快学会，自己却一遍又一遍地把球砸在篮板上，洪琼的耐心也消磨殆尽。好在有教练的细心指导、队友的鼓励，她自己也不认输。于是，她抱了一个球回房间，洗干净放在床上，制定计划，每晚睡前都要砸墙找手感。第二天，隔壁队友说："你白天还没练够啊？大晚上不睡觉。"为了不吵到队友，她把球向空中抛，把房间弄得一片狼藉。

"洪琼是一个非常自律的人，在体育上，只要她目标明确，就特别敢拼，敢于死拼，这是她最大的特点，也是她成功的最大原因。她这种死拼精神，我几乎没有在其他队员身上见过。"这是胡老师对洪琼个性的评价和成功原因的总结。

在轮椅篮球队时，每个周六的上午要上"大量"，就是推着轮椅在 400 米田径场上跑八圈。有一个周六上午照常上"大量"，正好是洪琼的生理期，这于她而言是个不小的挑战。队里规定，女孩子生理期只要和教练说明情况，可以适当减量。而且那天训练前，教练也还特地问大家："有没有身体不舒服的？"洪琼的好胜心强，就没有请假。她心里憋着一口气，"为什么别人学什么那么快，练得那么好，自己这么差劲！"带着这口气她全然忘记自己的特殊情况，坚持和其他队员一样跑完了。

没承想，由于体力不支出现了双手痉挛以致无法控制。这把现场的教练和队员吓得不轻，大家手忙脚乱地给洪琼治疗，半个小时后，洪琼的情绪渐渐平复，双手也不再痉挛了。师姐们都训练去了，教练让她在场边休息。

这时，胡老师走进场馆，看到大家都在训练，唯独洪琼在边上坐着。就笑着说："你坐在这儿干啥，咋不训练啊？"洪琼低着头没有回答。教练跟胡老师说了事情的经过。胡老师把洪琼叫到面前，严肃地说道："你有拼命的精神是好事，但不能蛮拼、乱拼啊！要学会科学地训练，身体不舒服要及时说，不然会得不偿失的。"洪琼豆大的泪珠一颗接一颗地掉下来，边哭边说："队里不是要淘汰人嘛，我什么都学不好。"她这种死拼的精神让胡老师对她印象深刻。后来，也正是由于她这股拼命劲，胡老师才把她推入滑雪队。

怀揣着坚定的决心，洪琼从那个曾无数次投篮失手、跌倒后艰难挣扎的"新人"变为赛场上无所畏惧、自由飞翔的运动员。借助现代科技的神奇力量，她拥有了健全的身体，轮椅成为了她驰骋篮球场的坚实支撑。每当她成功投进一球，那份成就感便如同实现了一个个微小却珍贵的人生目标，让她内心充满了满足与自豪。

洪琼最大的一次成就感来自一次特殊的比赛。在 2015 年四川第九届全国残疾人运动会暨第六届特殊奥林匹克运动会开幕前的几个月，四川省女子轮椅篮球队到云南省轮椅篮球队借调两名队员参加残运会，洪琼和另外一名队员被借调到了四川队。

2015 年 9 月 14 日上午，洪琼和四川队队友到达残运会比赛场地，云南的"娘家人"也早早到场，胡老师和姚老师甚至来不及吃早点就急忙赶来，生怕错过洪琼她们的比赛，这可是洪琼作为主力队员上场的比赛。洪琼在紧张的气氛中快速地投入了比赛。此次四川队对阵的是河南队，开场就把比赛带入白热化，双方积极拼抢，队员们的轮椅经常绞在一起，发出铿锵的撞击声，"人仰马翻"的场景常常让观众捏一把汗！在赛场上洪琼一脸严肃，心里眼里都是球，运球、转身、突破、刹车、投篮……两队比分多次打平，赛场上响彻篮球不断撞击地面发出的"嘭嘭"声、轮椅快速变向发出的摩擦声，以及赛场内人们的呐喊声，现场气氛再次达到高潮，使人热血沸腾。比赛途中，洪琼接到队友的球，前面没有防守，她直接运球上篮。由于过度紧张，手一软，球扔到了篮筐边。这没有让她气馁，很快她便抓住了一个快攻机会。这次，她吸取上一次失误的教训，稳稳地投进了球，进攻完，她立马回到防守状态。她心想只要自己得分了，就不算白来一场。

不知不觉间，几束暖阳透过缝隙洒在了球场上，好似在为胜利者打光。距离比赛结束还剩 40 秒时，两队分差一分，不出意外的话，河南队便是今日的胜利者。但带有转机的球传到了洪琼手中，她没有一丝犹豫，一个华丽的转身便将篮球砸向篮板，篮球在篮板上弹跳了一下，现场的观众都不由自主地屏住了呼吸。"进了！进了！"观众激动得跳起来高呼，现场一片欢腾，最终四川队以超河南队一分险胜！

洪琼和四川队的队友们下场时，每个人激动地和教练拍手，到洪琼过来时，教练一把抱住洪琼说："你太棒了，居然在最后时刻还敢投球，一般人没你这个胆量呀。"此时，阳光正好洒在她的脸上，她抱着教练激动得无以言表，热泪盈眶，内心感受到无与伦比的成就感和价值感。人群中看到胡老师和姚老师，洪琼激动地冲过去抱住他们。

虽然胡老师不是教练，但他熟悉几乎所有的云南省的残疾人运动体育项目，如果教练临时不在，他可以成为所有项目的临时教练，带领队员打完比赛。而且几乎每次重要的比赛，胡老师都会全程陪同运动员们。这一次和2017年在北京的轮椅篮球锦标赛也不例外。

轮椅篮球的细微之处是瞬间启动、瞬间停住，也就是急停急起。而比赛轮椅上没有刹车，若想刹车全靠手来操控，但在赛场上，轮椅快速滑动，刹车需要极大的手部力量与极好的技巧，这就需要平时大量地练习。洪琼平时训练虽很刻苦，但与技术高

轮椅篮球队员对抗比赛

超、经验丰富的师姐们相比，还有很大差距。更是由于刹车不仅对手掌有损伤，而且整条手臂都要有足够的力量，所以洪琼在平时训练就耍点小聪明。她不喜欢把轮椅刹死，在日常的训练中，总是如同脱缰的野马般横冲直撞，不是将自己绊倒，便是无意间将师姐们撞得人仰马翻。在这场比赛中，胡老师一眼便洞穿了她的弱点——刹车全靠蛮力冲撞。平日里，胡老师曾多次苦口婆心地提醒她加强刹车技术的练习，但洪琼总是左耳进右耳出，未曾真正放在心上。赛后，胡老师终于忍不住心中的怒火，将洪琼叫到身旁，以不容置疑的口吻命令她从篮球场地的一侧直冲自己而来，以此作为刹车技术的实战演练。洪琼心中充满了疑惑与不解，她不明白平日里那个和善可亲的胡老师，为何会突然变得如此严厉，甚至不惜让自己在众人面前出丑。面对胡老师的命令，洪琼心中五味杂陈，既生气又委屈，但她深知自己无法违抗。于是，她硬着头皮向胡老师冲去。然而，就在即将撞上的那一刻，一种本能的反应让她精准地刹住了车。那一刻，她仿佛领悟到了刹车的真谛。自此以后，洪琼像变了个人似的，她刻苦练习刹车技术，不断寻找感觉与技巧。随着时间的推移，她的刹车技术越来越娴熟，再也没有因为刹车不当而摔倒或被批评。这段经历不仅让她的技术得到了提升，更让她学会了如何面对困难与挑战。

理想终究还需要现实来支撑。轮椅篮球队只有在重大比赛前才会集训几个月，也只有在集训时才会有每月 500 元的补助，而每年比赛少之又少，全运会、省残运会都是 4 年一届。对于学生时代的洪琼来说，每月 500 元的补助是笔不小的金额，但对于即将毕业走上社会的洪琼来说，就是杯水车薪，因此她迫切希望能找到一份谋生的工作。

2. 职场初试练

2015 年洪琼中专毕业后，继续报考了本校的大专，她觉得自己曾经错过了许多在学校的时光，便想着在学校多学些知识。2017 年，洪琼即将从学校毕业，面临实习，处于前途迷茫境地的她，便想着找一份工作谋生，觉得凭借自己的计算机专业知识，找工作应该不会太困难，但现实却给她重重一击。

相较于学校内完善的无障碍设施，洪琼在走出校门后却不得不面临重重障碍与困境。然而，幸运的是，她拥有一群亲如家人的同学，她们的陪伴与支持成为了她前行路上最坚实的后盾。

刚毕业时，梅梅找到了工作，洪琼暂时住到了梅梅的出租房里。当时，梅梅住的是老旧小区的五楼，没有电梯，身材矮小微胖的梅梅就二话不说，一口气背上了并不算轻的洪琼爬到五楼家中，然后再下楼把轮椅搬到房间。早上梅梅出去上班，洪琼中午醒来，发现房间什么吃的都没有，她饿得前胸贴后背，看着窗外，心想："点外卖也下不了楼啊，兜里有钱都买不到吃的。"这是一种怎样的心酸与绝望？可能只有经历过才明白吧！正当她陷入惆怅时，梅梅提着香气扑鼻的午饭打开了房门，那一刻她仿佛看到了救星。那天的饭菜虽然朴素无华，却令洪琼至今回味无穷。原本她并未向梅梅提起需要带饭的事情，但梅梅在忙碌的午餐时分，心里依然记挂着她，担心她会饿肚子，这份细心的关怀和真诚的友情让洪琼深感温暖，始终铭记于心。

杨洪琼和好友梅梅的合租屋

后来，梅梅为了方便洪琼进出，就退了这个房子，在城中村和洪琼合租一个房子，每个月 140 元。狭小潮湿的房间放了两张床，洪琼床上一半堆东西，一半睡人。靠墙的一面有张桌子，桌子上放着电饭煲和电水壶，还有一些简单的调料。她们每天就用电水壶煮点蔬菜就着米饭吃，没有一点油水。但因为彼此的陪伴，洪琼倒也不觉得苦，每天乐呵呵地生活。洪琼和梅梅的社会生活在慢慢地摸索中步入正轨，虽然吃了不少苦头，碰了很多的灰，但更多的是成长。

搬入新出租屋后，洪琼开始正式找工作。她在网上疯狂投递简历，接到面试电话后，会在前一天晚上先查好路线。她基本会优先看地铁线路，因为地铁对残障人士免费，出了地铁就推着轮椅跑遍昆明的大街小巷去面试。5周的时间她投递了上百份简历，但很多都石沉大海，这也让她有些丧气。好在梅梅一直在给她加油鼓劲："对健全人来说，找个合适的工作都不易，更何况我们。"其实，这其中有三个现实的原因：一是大多单位不愿意雇佣残疾人；二是大多单位没有适合残疾人工作的岗位；三是有的办公场所无障碍建设还不完善，洪琼这样坐轮椅出行困难重重。在上百家企业中，也曾有愿意录用洪琼的，但这些企业要不就在没有电梯的二三楼，要不就是没有无障碍设施，考虑到洪琼的特殊情况，也无奈无法录用。

功夫不负有心人。在洪琼即将认命放弃时，收到一家美容机构的面试通知。面试过程中规中矩，老板娘年约四十，体态丰腴而匀称，一头时髦的羊毛卷发使她显得活力四溢。化妆品巧妙地掩饰了岁月的痕迹，皱纹在她的脸上似乎难寻踪迹。她身着一袭精心挑选的衣服，彰显出精明干练的气质。她的脸上始终挂着和善的笑容，然而那双犀利的眼睛却不断地在洪琼身上流转，仿佛在细致地打量着她。当洪琼又一次以为希望落空时，却得知自己被录取了，每月 2700 元，她立马告知了父母和梅梅这个喜讯，晚上梅梅特地买了条鱼为她庆祝。在入职的两周里，一切都按照她的设想进行着，她信心满满，决心要把这份工作干好。

一天，老板娘跟她闲聊："小杨，我给你介绍个对象要不要呀？"洪琼愣了两秒才反应过来，心想"介绍就介绍呗，最后处不处是自己的事"，没拒绝也没答应，老板娘一个劲儿地说着关于男方的个人和家庭情况，她也只好默默听着。

没过多久，老板娘认真地对她说："他们明天来云南看看你，如果双方都看对眼，就好好处。"冬日昆明的天格外的美好，但洪琼却一点也高兴不起来。其实自打她在老家时，就对介绍对象的事情打心眼里抵触。

男方到云南那天，老板特意给洪琼放了一天假，嘱咐她带着男生去到处玩一玩。洪琼本不乐意，但迫于老板的面子和可以休息一天的份上，便硬着头皮叫上了娇娇，三人一起去了动物园游玩。一路上男生不怎么说话，走了不一会儿便累得不愿走了，三个人也就只好上了动物园的观光车。下午出园后，洪琼和娇娇把男生送到家后，才拖着疲惫的身体回了出租屋。洪琼算了算，今天吃喝玩乐的开销都是自己花的钱，虽然自己工资微薄，但她还是开玩笑地和娇娇说："就当我俩儿出来玩一次咯。"

第二天，男生的堂哥来公司见洪琼，开门见山地对她说："我叔说了，只要你愿意嫁给我堂弟，你可以提任何要求。"这话让洪琼哭笑不得。事后洪琼才听老板娘说起，那天男生的堂哥在男生身上放了800块钱，回去还原封不动的，见洪琼不是贪财的人，以后肯定能勤俭持家。

男生的堂哥给他申请了微信号，教他怎么使用微信聊天，还要了洪琼的电话，洪琼想着就当交个朋友吧。自两人回去后，老板便"每日一问"二人进展，倒比洪琼自己还着急。洪琼很厌烦这种被强迫"包办"的相亲。想着自己好不容易得到一份工作，便敷衍地附和着老板。老板看出洪琼的敷衍，便一次又一次苦口婆心地和她讲："小杨呀，你身体条件不好，家庭又困难，这个小伙虽然脑子不太好使，人家家里富裕啊，他爸管理着一个蔬菜基地。他也不是先天疾病，是因为上中学时被人欺负，脑袋受了刺激。他们家都很喜欢你，你只要嫁给他，给他家生儿育女就好，后半辈子都不用为钱发愁。还能改善你爸妈的生活。你说对不对？还有啊，结婚后你想上班的话可以去他堂哥的公司，多好！"洪琼本就对生育工具似的婚姻有严重的抵触心理，但又不好直接表达自己的想法，因为她知道这不是单纯地给她介绍对象，自己也不想失去这份工作。

老板娘依旧每天乐此不疲地试图说服洪琼，见洪琼还是不为所动，到了年底，就直接跟洪琼说："小杨，我在这儿把他说得天花乱坠也没用，眼见为实，你直接去他家看看，成不成咱又再说。""我一个人不敢去。"洪琼直接拒绝。老板娘立马说："让你朋友陪你去。""我朋友要上班。""叫你爸妈陪你去，正好也让你

爸妈了解了解。"洪琼感到快窒息了。洪琼每天都在这种压抑的
环境中挣扎着，很想离开，但想到离开后没有经济来源，工作又
不好找，便暂时按捺下来。

一天下班后，洪琼实在承受不住这种窒息感，就发消息给老
板娘辞职了，五个月的上班生涯到此结束。之前因为工作来之不
易而每天附和着老板娘，心里很累又没有办法，辞职了反而一身
轻松。下班还没回到住处，男生堂哥的电话轰炸似的打来，洪琼
一个都没接。老板娘给洪琼发消息："小杨，不管你和这小伙处
不处，他堂哥的电话你接一下，这是礼貌。"

史铁生说过："我们有爱情的权利，绝不降低爱情的标准，
在爱情上我只接受两个分数，要么 100 分，要么 0 分。"这就
是洪琼内心的写照。就算在不幸的命运中，她也认为爱情是纯
粹的。

夜幕降临，洪琼原本打算早早入眠，然而她的思绪却如脱缰
的野马般异常活跃。她感到一种前所未有的轻松，仿佛卸下了
所有的负担和忧虑。第二天清晨，洪琼有条不紊地收拾好行李，
踏上了回家过年的旅程，打算年后再重新出发，寻找新的工作
机会。

她深信，命运从不会辜负任何一个有心人。而此刻，洪琼正
站在人生的一个崭新起点上，即将迎来一个重大的转折点。她满
怀期待，准备迎接新的挑战和机遇。

3.滑雪——命运的转折点

人间四月天，昆明的街头春意盎然，鲜花竞相绽放，蓝紫色的蓝花楹、淡粉色的蔷薇、灿若烟霞的月季，装点着城市的大街小巷。在这美好时节里，洪琼却没半点心思欣赏。辞去美容院的工作后，她还没有找到一份合适的工作，整日奔波在找工作的路上。

突然有一天，洪琼接到一个改变她人生轨迹的电话。"洪琼，国家滑雪队在选人，有三个月的试训期，每个月还有 4800 元的补助，想不想去试试？"

"想！"洪琼对着电话那头，嘴里毫不犹豫地跳出这个字。彼时的洪琼不会知道，这个"想"的决定，无意中让她找到了人生的最佳定位。

电话是省残联的胡老师打来的，他没想到洪琼能如此爽快地答应，接着便和她说了更多滑雪项目的信息。对于洪琼而言，胡老师就像自己的"老父亲"，不仅是她训练和生活的导师，更是她的人生导师，她能毫不犹豫地说"想"，胡老师是主要原因。

另外还有两个重要原因。一是从就业安置的角度，自己目前在云南省轮椅篮球队，这是一个团体项目，按目前的训练状况来说，自己很难拿到一个符合家乡安置工作条件的名次。按照当地政府印发的文件规定，参加"世界残奥运动会"、"世界聋奥运动会"、"亚洲残运会"比赛取得前三名，"全国残运会"比赛取得第一名的优秀残疾人运动员给予就业安置。参加国家级的训练队，一方面能够在更高的比赛场实现自己，另一方面也能够为将来安置工作创造更大的可能。听了胡老师的详细介绍，洪琼觉得只要有机会接触其他项目，就一定要去试试。

二是从收入的角度看，目前于洪琼而言，在昆明很难找到合适的工作，若去参加滑雪试训，每月还有 4800 元的补助，是一笔不小的收入，或许还比自己在昆明工作的工资高。这么高的补助都源于国家对北京冬奥会、冬残奥会的重视和强有力支持。习近平总书记强调，办好北京冬奥会、冬残奥会是党和国家的一件大事，是我们对国际社会的庄严承诺，做好北京冬奥会、冬残奥会筹办工作使命光荣、意义重大。如今洪琼回想起来，从备战冬残奥会到比赛结束，真的实实在在感受到这句话的分量和成效。

后来，胡老师对洪琼说国家滑雪有两个项目，一个是高山滑雪，一个是越野滑雪，问洪琼想去哪个，洪琼说："两个都想去，两个都报！"胡老师被洪琼的实诚再次逗笑，他耐心解释后，洪琼才知道只能二选一。但当时洪琼对两个项目知之甚少，便请胡老师为自己做选择。相比于高山滑雪，越野滑雪更考验运动员的体能和耐力，胡老师在综合考量洪琼自身条件的基础上，认为她耐力更好，便为她报了越野滑雪。

　　胡老师对洪琼的肯定，不仅仅是她能力强，更是对她人品的认可。多少年过去了，他经常和老同事们提起一件事：自己有一次在曾经的轮椅篮球训练微信群里说姚老师（已退休）生病住院了，群里的队员们都纷纷送上了康复的祝福，唯独洪琼没有说话。到了周末，洪琼约上朋友买了些水果，坐地铁到医院看望了姚老师，在医院陪姚老师聊了好一会儿。当天晚上，胡老师发视频给洪琼："你今天去看姚老师啦？姚老师打电话跟我说了，我们俩老头哭得稀里哗啦。"是他们为自己带出来的学生都怀着一颗感恩的心，心情激动哭的。

　　在胡老师眼里，选拔出来的所有残疾人运动员，都是自己的孩子，小到七八岁，大到三四十岁，他都常常晓之以理、动之以情，让他们明白感恩的意义。尤其是七八岁的残疾运动员，有时会闹脾气，抱怨父母、抱怨自身的残疾，他们不明白父母为何要让自己来训练吃苦。胡老师和教练们就会要求他们每周必须打电话给家里说说一周的情况，慢慢地，很多孩子改变了心里的想法。"我们不仅要在体育方面训练好残疾娃娃，还要教育他们如何看待自身残疾和社会问题，最重要是要让他们拥有一颗善良、感恩的心。一个懂得感恩的人，不会太坏，小到感恩自己、父母和身边人，大到感恩社会和国家。"

　　其实，早在2016年，国家雪上项目就在全国大范围选材备战北京2022年冬残奥会，那时胡老师他们去到洪琼就读的学校挑选运动员苗子，洪琼当时还和胡老师开玩笑："老师，我也想去滑雪，让我去试试嘛！"胡老师回答："你滑什么雪啊，好好打你的篮球。"当时洪琼进轮椅篮球队时间也不长，就此转项很可能失败，更何况在那时几乎没有队员转项，所以当时胡老师并没有考虑洪琼。那时的洪琼开玩笑，但并不了解这将与自己产生怎样的联系，更无法预知在 2018 年她会有机会进入国家越野滑雪队。

越野滑雪起源于北欧，是世界运动史上最古老的运动项目之一。1924 年首次列入冬季奥运会比赛项目。残奥越野滑雪运动在 1976 年第一届恩舍尔兹维克冬残奥会首次列为正式比赛项目，是开展最为广泛的一个残疾人冬季运动项目。北京冬残奥会残奥越野滑雪比赛共设置 20 个小项，分为短距离、中距离、长距离 3 个个人项目和混合接力、公开接力。个人项目根据运动员残障情况不同，又各分为视力障碍、站姿、坐姿三个组别。洪琼后来参赛并获奖的就是坐姿组的短距离、中距离、长距离 3 个个人项目。

昆明，享有"春城"之美誉，四季皆如春，如一幅永不凋零的画卷。而云南的大部分地域亦如此，这里的气候四季宜人，使得雪景成为了这片土地上的稀有珍宝，难得一见。在没去大连试训前，洪琼其实在好奇之余也有些不安，像她这样一个行动不便的人要怎么滑雪呢？自己可以吗？因为在她的认知里，滑雪是一个刺激与惊险的项目，一般都是健全人参加比赛。胡老师看出了她的疑惑，便又给她细心地解答，她才安心不少。他甚至考虑得很是周全，承诺若洪琼在滑雪队不合适，也可回轮椅篮球队继续参加比赛。打消顾虑后的她，便带满心满眼的好奇，来到了大连集训地。

去大连的路上，她曾无数次在梦中幻想自己与漫天大雪的浪漫邂逅，那雪花纷纷扬扬，如诗如画，美得令人心醉。然而，现实却最擅长将那些美丽的幻想化为泡影。

当她踏足大连的那一刻，心中的期待瞬间化为失望。那里并没有想象中的雪景，只有烈日炙烤下的滚烫柏油路，层层热浪席卷而来，让她仿佛置身蒸笼，汗水倾盆而下。这种突如其来的反差让她心中涌起一股说不出的失落，仿佛被现实无情地泼了一盆冷水。

这些都才只是开始，还有更多的考验在等着她。

4.“杨美娇”=“杨每跤”

“既来之，则安之。”洪琼时常这样告诫自己。

经过多年在外学习和打拼，如今的洪琼早已不是刚入学时，那个难以适应新环境而晕倒的小姑娘了，过去五六年的磨炼教会了她如何更好地去适应新环境。

刚到大连没几天，洪琼就迅速适应了新环境，很快投入到训练中。每天，她和队员们头顶熊熊烈日，闻着柏油路的焦臭味，用雪杖在柏油路上撑着轮椅滑公里数，少则二三十公里，多则四十多公里，等训练完，全身湿得就像被雨淋过一般。烈日、汗水、辛苦，这些洪琼都不怕，她最怕的是摔跤。对初学者来说，摔跤是最正常不过的，但洪琼摔得着实太频繁，为此教练还贴切地给她起了个绰号——"杨每跤"，队友们则喜欢叫她"炸药包""杨小猛"。

一次，滑雪队在一条蜿蜒曲折的柏油路上训练，在下一个很陡的 U 型坡时，洪琼由于紧张，再加上技术不成熟，整个人处于慌乱中，重心就不自主地往前，结果可想而知，她狠狠地摔倒在了 U 型坡底滚烫的柏油路上。那次摔跤给她印象非常深刻，至今回忆起来依然历历在目：两眼一黑，脑子一片空白，多年前坠落山崖的感觉又涌上了心头，待反应过来已是趴在坡底，而且当时摔落时与粗糙坚硬的柏油路撞击，感觉心脏"咯噔"一下，好似马上就要被震出来一般。好在每次训练时，教练都会让他们

杨洪琼和队友在柏油路日常训练

在轮椅上系上两到三根专门的绑带来固定住身体，一根在腰上，其余的在大腿或是小腿上，整体类似于坐大巴车时需要系的安全带。要是没有这几根轮椅上的安全带，洪琼指不定得飞出去多远。当时摔倒后，轮椅重重地压在她的后背上，远远看去活似一只挣扎的大乌龟。她担心自己一直坐在坡底的路中，可能会把后面来的队员绊倒，便奋力地想爬起来到路边去，但无论如何费力挣扎，就是爬不起来。她思来想去还是节省力气趴着在此好好休息，等待教练的救援。

洪琼的背后还依次跟着 5 名队友，每个人都是到坡前才能看到下面有人摔跤躺在路上，但此时由于惯性，他们已来不及刹车停下，便都只好硬着头皮滑下去，技术好的还能扭转方向，保证摔下时不会压到队员，技术不好的也就只能咬着牙横冲下去。他们有的"哐当"一声，摔在洪琼身旁；有的"咕咚"一下跌在路边；有的飕飕地飞向杂草丛里。洪琼觉得甚是内疚，但又莫名好笑，便只能扯着伤口在那憋笑。好在教练及时赶到把大伙儿拉了起来，大家不至于伤得过于"惨重"。从这天起，洪琼也喜提新名——"炸药包"。

第二天，她又去到了那个 U 型陡坡，看着手肘和膝盖大面积的摔伤，她心里直犯怵，是硬着头皮下呢，还是原路返回？她感觉自己就像个"胆小鬼"一样，在坡顶犹豫了很长时间。看着队友们一个接一个地滑下去，她心里不断给自己鼓劲：大不了就是摔呗！摔了大不了就是破点皮呗！最后，她心一横，眼一闭，还是滑下去，结果又摔得鼻青脸肿。

事后，教练还开玩笑地说："我给你取了个名字——杨每跤。"当时，她还觉得这名字挺好听的！因为她以为是"杨美娇"，后经教练一解释才知是"每天必摔一跤"的意思，瞬间让她哭笑不得。然而，每天摔的岂止是一

杨洪琼在雪地日常训练

跤呀，摔跤的次数甚至多得数不过来。以至于后来只要有人说谁摔跤了，队友们第一个想到的便是洪琼。教练也会在训练结束打趣地问洪琼："杨每跤，今天摔了几跤啊？"好在这样苦不堪言的训练只持续了一个多月，队员们就要去见真正的雪场了。

2018年11月，滑雪队到黑龙江雪场训练，洪琼也终于见到了梦寐以求的大雪。她环视四周，只见一片白茫茫的纯净世界，恍若置身于冰雪奇缘的奇妙境地。在雾凇、冰挂的装点下，整个山林被白雪覆盖，银装素裹，好似见到"千树万树梨花开"的盛景。这银白色的世界让她陶醉其中，她兴奋地感受着这难得的雪景，仿佛置身于一个纯净无瑕的童话世界。她忘却了寒冷，任由

雪花轻轻飘落在她的脸庞。当时黑龙江雪场的温度在零下20多度，一般南方人即便身穿厚衣服，在室外雪地上待5分钟可能就受不了，但她却不以为然，穿单薄的衣服训练3—4小时仍然不觉得冷。

不过雪地虽美，但训练起来并不见得比柏油路上轻松，甚至更难。随着每一次踏上雪板，深入那未知的雪道，洪琼才逐渐意识到，这项运动背后隐藏的，是无尽的艰辛与挑战。因为训练时穿的衣服不能过于厚，否则不利于运动，甚至有时出汗衣服会直接冻在身上脱不下来，所以运动员必须先过"寒冷关"。对于洪琼而言，"寒冷关"从未成为她前行的阻碍。风雪交加中，她无数次跌倒，每一次都伴随着刺骨的寒冷与身体的疲惫。但正是这些看似不可逾越的障碍，激发了她内心深处那份不屈不挠的力量。她一旦行动起来，那份对寒冷的感知便被驱散，她全然沉浸在自己的步伐和节奏中，仿佛寒冷已不复存在。

杨洪琼在雪地滑雪

在训练中，对洪琼

来说，最难的还是"不摔跤"。在柏油路上，洪琼就掌握不好平衡，重心不稳，摔得鼻青脸肿。在雪地上，洪琼依旧容易摔跤。因为刚上雪场，技术不到位，摔倒起不来，每次摔倒只能无奈地趴在雪坑里傻等着教练过来把自己拉起来。很多时候，等待的时间长了，她身上的雪都融化了，鼻涕掉下来立马就结成冰，手指冻得没有知觉。训练完休息时，她最喜欢自拍记录自己的训练生活，看着镜头里的自己，眉毛和睫毛上开出了点点冰花，鼻头冻得通红，像长了一颗小草莓，头上的帽子和围脖结起了霜，她当时觉得好看极了，便拍了自拍分享给好友。

由于洪琼摔跤不长记性，一个大坡，在同一地方连续地摔，但她也不害怕。教练既心疼又无奈："杨洪琼啊！雪场都被你摔出坑了，还摔呢！"她很不服气地直瞪瞪看着教练："我今天摔的坑，今后一定会用奖牌来填平！"虽然她回答教练的话掷地有声，可是心里却没底。因为那时她已经29岁，和自己同一批进队的队员，无论是年龄还是基础条件都比自己好。每场测试，她的成绩基本都是垫底，时常面临着被淘汰的危险。

29岁，是即将奔向而立之年、与30岁一步之遥的年龄，很多人会面临"29+1"的焦虑，彼时的洪琼也不例外。在训练时，她喜欢在休息间隙偶尔发个朋友圈分享生活。一天，她把训练时手臂擦伤的图分享到朋友圈，被远在千里之外的母亲看到。

母亲立马打电话过来："花儿，莫练了，我看着心疼，回来赶紧找个对象结婚。"

"不练我回来能干嘛，嫁人克受气吗?"洪琼和母亲的这次通话就这样不欢而散。

洪琼这个年龄在城市不结婚还是比较普遍，但在农村如果姑娘到了 29 岁还没嫁人，就很容易被人嚼舌根，所以母亲张士英为洪琼的婚事很是担忧，尤其是她不明白洪琼整天刻苦训练到底图个啥，也还没有看到她的成绩，就更是为洪琼着急，每隔一段时间就会打电话给洪琼，劝她回家找对象。

随着时间的推移，洪琼逐渐感受到了前路的迷茫与不确定，生活的迷雾让她难以看清前方的道路。然而，她骨子里的坚韧与不屈让她不愿就此屈服，她深知自己是一个不甘平凡的人，怎能在还未创造出令人瞩目的成绩之前，就选择回到原点，了却余生? 她坚信，只要坚持不懈，终会找到属于自己的那片天地。好在有一个人一直是洪琼的坚定支持者，此人正是胡老师。

洪琼去到滑雪队训练，胡老师每隔两三天就专门和洪琼谈一次，聊天的范围从训练分析到日常生活和洪琼的情感问题等，胡老师的分析和解答总是让她豁然开朗，充满信心与希望。她如今还记得在滑雪训练基地过第一个春节那次，队里组织了晚会活动，让大家表演节目。洪琼本是个不爱表现的人，奈何教练硬让她报名去唱歌，但她觉得自己唱歌太难听，怕到时候丢丑。一次聊天的时候，她把这件事告诉了胡老师，没曾想胡老师开玩笑道:"你大胆唱，你们人多，狼群不敢来。"这让心里正在郁闷的洪琼笑出了声。胡老师的话如春风拂面，他鼓励洪琼大胆自信地展现自我。洪琼深受启发，将这份鼓励深深记在心里。于是，她鼓足勇气，勇敢地站在舞台上，尽情绽放自己的光芒。她的演唱不仅赢得了观众的热烈掌声，还收获了意外的奖励，这是对她努力和勇气的最好肯定。

父母和洪琼之间缺少心灵的交流，但是胡老师填补了这一空白。每次只要与胡老师聊完天，她心里便轻松不少，也坚定了继续奋斗的勇气。胡老师对洪琼而言，不仅是一位循循善诱的导师，更是一位贴心的朋友和如父般的存在。她时常感慨，自己究竟是何等幸运，才能遇到如此优秀的人生导师。胡老师的教诲与关怀，如同明灯照亮了她前行的道路，让她在人生的旅途中倍感温暖与力量。

洪琼以前在滑雪队时觉得自己是属于那种最笨、最没有天赋的人，而且还是面临被淘汰的大龄运动员，胡老师却总是鼓励她要看到自己的优势，扬长避短。他们曾经都一致认为，一个运动员要想包揽短、中、长距离三个项目是不太可能的。胡老师分析后觉得，洪琼爆发力更有优势，于是就建议让她主攻靠爆发力取胜的短距离项目。当时洪琼或许自己都没想到将来的某一天能够包揽三个项目的金牌。

刚开始练滑雪那两年，洪琼各方面都不被看好，教练曾语重心长地找她谈话："杨洪琼，你条件一般，进队又晚，你想赛出水平，为国争光，没有捷径可走，只有笨鸟先飞、以勤补拙。"

洪琼最为人称道的特点之一，便是她始终保持着虚怀若谷的心态，对于他人提出的宝贵意见，她总是愿意虚心接纳，并努力将其转化为自我成长的养分。听了胡老师和教练的建议后，她便用更多的时间去训练，用勤学苦练来累积经验。别人每天练3个小时，她就练4个小时、5个小时……一个雪季，她一共摔折7副雪板。即使摔得伤痕累累，爬起来时，她心里只有一句话："摔不死就干！干，就一定要干出彩！"就是这种不服输的干劲，让她坚持了下来。而洪琼也在不懈努力与坚持中，逐渐蜕变。每一次技术的突破，每一份成果的收获都是她不懈努力、坚持训练的最好证明。

虽摔倒千百次，洪琼始终热爱滑雪。她痴迷于在雪上那种飞翔的感觉，痴迷于滑行时那种自由驰骋的感觉，因为这是她生命里闻到的极少关于"自由"的味道。穿梭在纷飞的雪花之间，这一刻，所有的挫折与艰辛都化作了过往云烟，留下的只有对滑雪纯粹的热爱与对自我极限的深刻理解。热爱与"干，就一定要干出彩"的信念，让她逐渐成长，从到处留坑的"杨每跤"到学会去思考和总结的"杨美娇"。

5. 人生谷底：三个倒数

经过刻苦训练，洪琼滑雪的感觉渐入佳境。每一个弯上坡怎么滑、下坡怎么滑，滑完一圈后，她的脑子里就会有一个清晰的概念。这种良好的训练状态也让她的成绩渐渐有所起色，基本每一次训练和测试成绩都在队里保持前四，但她并未沾沾自喜，而是依旧心存不安与担忧。

有时她甚至害怕比赛的来临，害怕与队友的竞技，毕竟她从未想过自己的滑雪之路能走到今天。当初她只是抱着好奇与试一试的心态打算来试训三个月，体验一下坐着轮椅是怎么滑雪的，然后就回去接着练习轮椅篮球，甚至在正式作为滑雪运动员后，她的训练和比赛成绩也是面临被淘汰的境地，没承想命运的齿轮把她一步步向前推，让她逐渐爱上了滑雪运动。因此，她只想拼尽全力去释放她的光彩与热爱。但终究还是事与愿违。2021年全国第十一届残疾人运动会，她遭受到了运动生涯中的致命打击，让她再一次绝望，导致她差点放弃了心爱的越野滑雪。

受新冠肺炎疫情影响，中国残奥越野滑雪队和冬季两项队从2019年到2020年底都几乎未能出国比赛。好在全国第十一届残疾人运动会计划于2021年1月25日在河北省张家口崇礼举办，洪琼十分期待，正想在赛场上好好检验一下自己时，比赛时间却因为疫情原因延后。

过往的经历让洪琼明白这样一个道理——生活的变数太多，唯一不变的就是"始终在变"，只有始终保持良好的心态，才能取得成绩。对于当下而言，不管时间如何变化，一定要稳住心，每日坚持练习终归是没错的。就这样她在崇礼训练了三个月，顺利完成冬训。

然而，更大的变化来了，残运会的比赛地点改在河北承德体育训练基地，时间是 4 月 15 日。这个基地是辅助冬奥和冬残奥滑雪队训练新建的高级训练场，其中的越野滑雪赛道，是世界上首个气膜越野滑雪赛道，内部温度可以保持在零下 6 摄氏度到零下 8 摄氏度，可供全年训练，但其中 7.5 公里的冬季两项越野赛道，难度标准超过崇礼比赛场地。

运动员比赛前一般会有一两周的时间到比赛场地适应环境，这次也不例外。洪琼和其他队友 4 月 1 日来到了比赛场地。滑完一圈后，她们发现这里的赛道比平时训练的坡度和弯道要大许多，有一个坡直接陡得滑上不去。洪琼心里也不免有些畏惧，便想着尽自己最大努力去比赛就行，其他也只能听天由命了。

然而，上天似乎又和她开了个玩笑。到承德的第一周，她因滑雪上坡前倾太用力，导致颈部拉伤，每天起床都非常艰难——一只手用力把整个身体支撑起来，另一只手托着脖子和脑袋慢慢起来。如果有人在身后说话，她只能像个呆板的机器人一样，全身一起向后慢慢转动。更为不幸的是，稍微好转一些时，她在下一个 U 形坡时，直接从急弯滑出赛道，肋骨撞到坚硬的大雪包上。摔跤时由于寒冷，她并没有太多疼痛的感觉。可是当第二天起床时，她胸前的肋骨便疼痛不已，就连轻微的呼吸都会引发一阵疼痛。加之前面受的伤还没恢复好，导致她基本不能正常训练。好在原定 4 月 15 日举办的全运会又推迟了，她心中不免窃喜：延后更好，可以好好养伤，能以最佳状态迎接比赛。可事事哪能总如人愿？

比赛推迟，国家队也结束了集训，洪琼和云南籍的队友 4 月 15 日便从承德返回云南养伤休整。滑雪器材则全部邮寄到下一次的集训地——陕西秦岭。没承想，4 月 19 日她重新接到了全运会的比赛通知，比赛地点再次改到吉林。她只好在 21 日匆匆赶到吉林，但此时滑雪器材才刚到陕西，她也无可奈何，唯有等待。25 日她终于收到了装备，而两天之后就是比赛之日，此时几乎没有时间进行场地适应训练。距离上次的训练间休时间过长，加之连续赶路等原因，三个项目的比赛她全部都拿了倒数。

第一场比赛到达终点时，她还不知道自己是倒数，想着至少该是个中间名次。室友冲到面前告诉她："我倒数第一，你倒数第二。"一刹那，"倒数"二字如闪电般穿过她身体的每个角落，啃噬着她的每一寸肌肤。呆滞的眼神让她看起来好似一尊佛像，她感觉自己身体的肌肉在不停地往下坠，誓要把她拉入不见天日的地下，身体的骨架也好似在空气中摇晃得"吱呀"作响。她瘫倒在床上，双臂随意地大张着，呆滞地看着天花板，脑子里一片空白。乐观的洪琼转念一想："下面还有两场比赛呢，调整好状态说不定能扳回一局。"

抱着这种心态，洪琼参加了接下来的两场比赛。她都铆足了劲去滑，但身上的肌肉太过松弛，力量完全聚不到一起，怎么也使不上力，这也让她真正体会到"心有余而力不足"的感觉。两场比赛她一场拿了倒数第一，另一场倒数第二。在这短短的三天里，她的信心被磨灭殆尽，就像突然陷入沼泽里的人，一点点看着自己往下沉没，越挣扎越痛苦，陷得越深。

说实话，洪琼曾对比赛前三名抱有过幻想，但更多觉得自己会取得中间名次，从未料想到会垫底，这三个倒数让她感觉天都已经塌下来了。"我连全运会都是垫底，怎么还敢奢望奥运会呢？"她开始再次怀疑自己的能力，本以为在全运会能拿一个好成绩，回去说不定就可以安置工作，现在看来她已经错失了最佳机会，觉得前途灰蒙蒙一片。

全运会结束，洪琼所在的越野滑雪国家队没有放假，无缝衔接到吉林训练。一样的雪洞，异样的心情。洪琼开始非常抵触那个雪洞。她每天在雪洞里如行尸走肉般地滑着雪。"我是不是不适合这项运动？练了那么长时间，成绩还是不行。"洪琼每天都不断地问着自己，比赛倒数的场景如电影镜头一般在她脑海里一帧帧回放。每天晚上她都在床上辗转反侧难以入眠，时常盯着天花板一盯就是一夜。这样的状态，让洪琼陷入了死胡同，她感觉脑袋在分裂：是继续，还是离开？继续，抵触滑雪；离开，但不甘心。绝望与痛苦像潮水一样一波又一波袭来，好似誓要把她拖向无底的深渊。

洪琼始终在努力自救，她不断探索着各种可能对自己有益的方法。最初，她试图在网络上寻找心灵慰藉，但发现那些所谓的"心灵鸡汤"并不能真正触及她的内心。于是，她决定转向更为深厚的智慧之源——图书馆，希望通过阅读来寻找内心的答案和力量。就在去图书馆的路上，胡老师打来了电话。路上车来车往，看到那个再也熟悉不过的"胡老师"在手机屏上显示，洪琼感觉周围的一切都静止了，她听到自己的心咚咚地跳得很快。她内心十分复杂，既开心但又觉得羞愧，开心的是接到亲人的电话，羞愧的是老师们给予自己如此大的支持，自己却拿了三个倒数，着实对不起老师们的辛勤付出。

电话响了好一会儿，洪琼才按下接听键，听到胡老师熟悉的声音，她瞬间感觉心静不少，与胡老师谈完心后，她整个人感到前所未有的轻松。后来洪琼总说，当时胡老师就是自己绝望中抓到的救命稻草，是他让自己看到了曙光和希望，也坚定了她回云南的念头。因为胡老师给了她一个心安理得离开的理由："省里有个水上项目皮划艇，你想不想回来试试。"

时隔一年后洪琼才知道，当时胡老师给自己打电话是斟酌再斟酌的结果。"我专门隔了一周给你打电话，还在纸上写了草稿，又在肚子里打了腹稿，才拨通了你的电话，哪些能讲、哪些不能讲，我都是想了又想的，反复斟酌的。"这是后来胡老师对获奖后回去看望自己的洪琼说的，她也才明白老师当时的良苦用心。若是比赛失利后胡老师立马给洪琼打电话，她可能会很反感，若是时间过去太久，说不定也不管用，胡老师的电话刚好在她很崩溃、想逃离训练时拨通。若没有当时胡老师那个电话，说不定今天的结果又不一样了，洪琼时常这样想。

在胡老师的安慰下，5月13日洪琼回到了云南。父母虽远

皮划艇队夜晚训练

在外地打工，没能陪伴左右，但包括胡老师在内的云南省残联的老师们却给予了她家人般的温暖和陪伴。他们不仅在线上线下耐心开导她："人生不管什么事都要讲顺势和随缘，得意看淡，失意随缘，胸怀宽了，以后你的路会越走越宽。"还特意带她体验省残疾人皮划艇队的训练生活，用实际行动真正抚慰了她的心灵。

让洪琼去皮划艇队体验，也是胡老师的良苦用心。通过近五六年与洪琼的接触以及自己多年带运动员的经验，胡老师深知像洪琼这种不爱表达的孩子，如果一味地用言语安慰与劝说肯定行不通，只有让她换一个环境，去实践、去体验，她才会

皮划艇队员训练结束后在水库边吃饭

想通，心结也才会解开。

在皮划艇队训练体验的一周时间里，洪琼和队友每天早上四点半开始训练，晚上天黑以后还要坚持借着灯光下水练习。刚开始练皮划艇，保持平衡十分艰难，尤其是对身体残疾的他们来说，更是难上加难。有些人一天单是翻船就得翻二三百次，水里冰冷，队员们就算冻得发抖、嘴皮青紫还要坚持练。手里的桨不断地重复起落的动作，没几天队员们手上都是血泡和血痂，肩背的皮肤被太阳暴晒撕裂、血肉模糊。

为了抓紧每一分钟训练时间，到了早餐和午饭的饭点，行动方便的队员就回到食堂把饭菜打包拿到码头。大家常常是从水里出来，湿漉漉地吹着冷风，几个人围成一个个小圈席地而坐，牙齿冻得不停地打颤，大口大口吃着手里半冷的饭菜。洪琼在其中默默低头吃着饭，偶尔抬头就会看到队友那乌紫干裂的嘴唇，黑红皴裂的皮肤，感受到队友那不符合年龄的沧桑与成熟。洪琼知道，这是他们头顶烈日寒星、身受风吹雨淋苦练的结果。午餐休息的片刻，洪琼没有听到任何人的抱怨，听到的是队员之间不时的玩笑声，洪琼被这种氛围深深感染、震撼。

一周的体验生活让洪琼开始重新审视自己，慢慢释怀：4年一届的全国残运会对于一个运动员来说固然很重要，但这只是自己整个人生的一个经历，假如一直深陷在这次的失败中不能走出来，那会错过眼前很多美好的东西。这次失败，自己可以逃回云南，以后还会遇到各种各样的困难和坎坷，那自己是不是也放弃，也逃避？一定要战胜这个低谷！能参加在家门口举办的冬残奥会，是多少运动员梦寐以求的机会。有可能别人比自己付出更多的辛苦与努力也没有机会站到冬残奥会赛场上，而自己已经拥有了入场券，有什么理由放弃呢？

最终，洪琼决心回到国家队。临走之前胡老师对她说："心理负担不要太重，记住，你还有我们呢，要学会排解。"

在追求卓越的征途上，洪琼始终谨记着三个倒数的教训，她明白了，真正的成就，并非源自对外在成绩的盲目追逐，而是深植于对自我技术的精益求精。比如在陕西秦岭的训练，从山脚滑到山顶，队友们都争先恐后追赶、超越，当队友们超她时，她不会和队友一较高下，而是沉下心来体验快、慢中的肢体动作，呼吸、节奏之间的协调性，不仅体能得到了提升，最重要的是锻炼了沉稳的心态。

人都有惰性，累的时候她心想："反正怎么滑也追不上队友，歇一会吧！"这时心里出现了另一个声音："假如冬残奥赛场自己没有拿到一个好的名次，甚至拿倒数的成绩，自己会不会回过头来后悔'假如我那一天、那一个星期、那一个月，我训练再认真点儿，那今天的成绩会不会好一点'。"洪琼再三告诫自己："把每一天练好，就算在赛场没有拿到好的名次，至少自己努力过了，心里也不会有遗憾。再说了国家对我们残疾人运动员这么重视，这么关心，我没有理由不努力。"

同时，在这段时间里她也学会了思考，复盘后她发现训练效率提升、成绩提高的背后，一个适合自己的滑雪架至关重要，而想拥有一个完全贴合自身的完美滑雪架，则离不开我国残疾人冬季体育科研领域的飞速发展。

为进一步提升我国冬残奥运动员的竞技水平，国家重点研发计划"科技冬奥"重点专项，特别设立了"冬残奥运动员运动表现提升关键技术"项目，为我国参加冬残奥的运动员助力。从2018年10月起，国内十几个科研单位组成的科研团队，从选材、训练、提高运动表现、辅助技术与器械等全方位承担了该项攻关任务。洪琼使用的滑雪架就包含在其中。

为了使滑雪架能够完美贴合坐姿越野滑雪运动员的身体情

况，科研团队采用"一人一策"的基本方案，调取了运动员在训练过程中的综合数据，了解每位运动员的具体需求，量身打造独一无二的滑雪架。

在取得"三个倒数"成绩以前，洪琼很少关注自己的滑雪架，对滑雪架的要求就是能用就好。然而，"三个倒数"之后，她认识到滑雪架的重要性，就开始在训练时留心观察架子的哪些地方需要改良，记录下来。这样训练几次下来，她得到了适合自己身体的滑雪架数据。在科研团队的帮助下，经过近 5 次的修改，她最终得到了一个最贴合自己身体情况的滑雪架。当坐到这个新架子上训练，她感觉自己的速度有了极大的提升。

可更大的考验还在后头，在距离比赛不足一个月时，洪琼遇到了一个重大挑战——滑雪架变形。洪琼着急了，滑雪架相当于自己的腿，腿不好，肯定不能取得好成绩。科研团队立刻作出决定："赶紧重新设计、重新制作，不计成本！"可以说，洪琼在冬残奥会越野滑雪比赛中势如破竹，包揽了女子坐姿组短距离、中距离、长距离 3 个项目金牌，离不开科研团队的默默付出。

人生总不会一帆风顺，但在自己以为山穷水尽的时候，总会柳暗花明；在历尽千难万险的时候，总会否极泰来。洪琼后来的成功看似偶然，实则必然。因为机遇总是留给那些有准备的人。洪琼夺得北京冬残奥会"三冠王"的殊荣，不是一朝一夕的事。没有多年来的刻苦训练、拼搏奋斗，何来一举夺冠？没有对自己训练的观察入微，怎么会有称心的滑雪架？她用辛勤与汗水，浇灌梦想的种子，绽放出自己的美丽人生。

洪琼是一株奋斗的龙女花，不断尝试冲破牢笼，汲取一切可以吸收的养分。仔细看来，已有花苞将绽未绽。

第六章　辉煌绽放

1. 首个"三冠王"

"青春不被年龄定义，一切皆有可能。"2022年北京冬残奥会之前，洪琼恢复到了最佳状态，虽然她是参加这一届冬残奥会的云南运动员中年龄最大的，但她仍然斗志昂扬，一下子填报了三个比赛项目。

杨洪琼在2022年北京冬残奥会赛场

赛前，洪琼对比赛情况进行了仔细分析，很多队友都比自己优秀，并且这次比赛还有许多外国选手。她明白以自己的实力可能拿不了金牌，但"不想当将军的士兵不是好士兵"，她也幻想着能进入前三，心中暗想："全力以赴去比赛，剩下就听天命了，只要能进入前三名就无愧于心。"于是，比起队友的紧张，洪琼反倒轻松许多。

有队友在闲聊时问她："你害怕国外强敌吗？""不怕！第一次参加冬残奥会，只要不拿倒数就行啦。"她乐观的心态也感染着队友，让大家紧绷的心弦得到暂时的放松。2022 年 2 月 26 日入住奥运村后，洪琼的日常生活严谨而有序，她严格遵循着健康的饮食和睡眠习惯，以确保自己的身体和状态都处于最佳。在训练方面，她更是将每一分每一秒都安排得井井有条，无论是技术训练还是体能训练，她都全力以赴。在情绪管理方面，洪琼展现出了极高的自我控制能力。她深知，在赛前保持平稳的心态至关重要。因此，她始终将情绪控制在一个相对平稳的状态，避免因为情绪波动而影响到自己的训练和比赛。在赛前的场地适应训练中，洪琼的策略显得尤为独特。她不再加量训练，而是严格按照教练安排的训练课程进行。每当完成训练后，即使看到其他队友仍在加练，她也选择打道回府。她认为，赛前的适应训练应该让心理和身体都处在一种意犹未尽、渴望训练的状态，而不是人为地强迫自己进行训练。这种策略不仅有助于她在比赛中发挥出最佳水平，更让她在心理上获得了极大的满足感和自信心。

洪琼上场的前一天，队友们接连拿到好成绩，她发自内心地为队友感到高兴。想到自己明天也将上战场，整个人便控制不住

杨洪琼参加 2022 年北京冬残奥会越野滑雪长距离比赛

的兴奋，毕竟这是第一次参加最高规格的比赛。当晚，洪琼的心情如同交织的乐章，兴奋与紧张交织在一起，让她在床上辗转反侧，难以入眠。她渴望时间能迅速流逝，让黎明的曙光早点到来。在迷迷糊糊中，她仅仅睡了四五个小时，便迎来了新的一天。

　　当 3 月 6 日清晨到来，她踏进了赛场的那一刻，内心如同战鼓般"咚咚"作响。这种紧张而又期待的情绪，让她更加专注于即将到来的比赛，也让她更加坚定了自己追求胜利的决心。

　　在这天的越野滑雪女子长距离坐姿组比赛中，洪琼一直处于领先状态，冲过终点线的那一刻，她发自内心地振臂高呼："祖

杨洪琼获得 2022 年北京冬残奥会金牌

国万岁!"长距离能拿冠军是她做梦都不敢想象的。

高喊"祖国万岁"的瞬间,洪琼的内心仿佛得到了前所未有的释放,她感受到无与伦比的激动和自豪。这不仅仅是一句口号,更是她内心深处对国家深深的爱意和感激。她觉得自己没有辜负国家的培养和期望。因为她深知,是国家对体育的重视、对残疾人事业的关心关爱,才有了她的今天成绩。当她站在领奖台上,国歌奏响时,她热泪盈眶地说:"是强大的祖国让我站在了世界最高领奖台!"

远在千里之外的云南省罗平县,沸腾了!三天后,她还将参加越野滑雪女子短距离坐姿组比赛,罗平县残联领导、她的母校师生和她的亲戚齐聚一堂,一起在电视机前为她加油。

　　"冬残奥会越野滑雪女子短距离（坐姿组）决赛即将开始。"电视机传出的话音刚落，现场顿时安静了下来。大家屏气凝神，全神贯注盯着直播画面，生怕错过任何一个精彩瞬间。

　　大家有的举着"中国，加油！""洪琼，加油！"的牌子，有的攥紧拳头绷起心弦，有的挥舞着手中的国旗，不停地喊着："洪琼，加油！"

　　"杨洪琼！第一个冲过终点啦！她用时 3 分 18 秒 2。"现场一片欢腾。

　　"洪琼太厉害了，她为国家、为人民、为家乡争得了一份沉

杨洪琼在比赛中获得金牌

杨洪琼参加2022年北京冬残奥会越野滑雪短距离坐姿比赛

甸甸的荣誉,她就是我们的骄傲啊!"大家纷纷说道。由于洪琼父母远在广东打工,公司还特意安排他们和同事一同观看洪琼的精彩比赛和夺冠瞬间,一起见证这一历史性的时刻。

洪琼的父母虽远在千里之外,不能时常陪伴左右,但他们还是时常与洪琼进行电话交流,慢慢地对女儿的滑雪比赛也懂得一些。他们知道,相比长距离比赛,短距离比赛靠的是瞬间爆发力,需要在最短的时间内把身体的各项机能拉到最高的战斗值,难度很高。因此,他们不免把心提到了嗓子眼。当看到女儿出场,两人情不自禁地抓着彼此的手,屏住了呼吸。当洪琼冲过终点线那一刻,他们提着的心才终于落下,进而感到无比的激动,为女儿感到骄傲与自豪。

　　坐在屏幕前观赛的父母或许并不知道，这天的比赛其实惊险无比。越野滑雪短距离坐姿比赛共分三小场——预赛、半决赛、决赛，比赛的距离虽短，但每场比赛的间隔时间仅有2小时，这对运动员体能的恢复有着极大的考验。短距离是洪琼的主项，但是那天上午的预赛和半决赛她的发挥并非十分出色。她在比赛时感觉身体很僵硬、状态不佳，刚好能进入决赛。

　　一方面，洪琼肩负着比赛的压力，心理压力如影随形；另一方面，她为了保持最佳状态，身体不得不忍受着饥饿的折磨。比赛当天，她谨慎地控制着饮食，早餐仅选择了一点清淡的粥和面包。完成比赛后，她疲惫至极，回到房间时甚至直接从轮椅上滑落至地面。在那一刻，她决定以最直接的方式舒缓身心的疲惫，就将轮椅垫子取下当作枕头，直接躺在地上，让身体与地板亲密接触，以释放身体的重负和心中的压抑。尽管从早上10点的预赛到下午2点的决赛，她几乎是在疲惫与饥饿中度过，但她依然坚强地隐藏起这些不为人

杨洪琼获得金牌面向五星红旗敬礼

知的疲惫，用兴奋和斗志迎接决赛的到来。赛场上她拼命摆臂，一改上午预赛的颓势，眼里心里行动上直奔终点，势如破竹。最终，洪琼获得了第二块金牌。

当晚，不善言辞的父亲打电话来关心问道："最后一块还能拿到不？"洪琼思索片刻，缓缓答道："应该能。"3月12日下午，在越野滑雪女子中距离坐姿组项目决赛中，洪琼再次夺冠。这是她在北京冬残奥会上获得的第三枚金牌，也因此成为中国体育代表团在冬残奥会历史上的首位"三冠王"。

杨洪琼获得三枚 2022 年北京冬残奥会金牌

荣誉造就辉煌。2022 年 3 月 13 日晚，在北京冬残奥会闭幕式上，洪琼光荣地担任旗手，压轴出场。自信写在她的脸上，她以轮椅为双腿，"昂首阔步"走完全程，她人生的高光时刻，精彩而绚烂。

杨洪琼在 2022 北京冬残奥会闭幕式上担任旗手

2. 站在人民大会堂

2022 年 4 月 8 日，是洪琼永生难忘、兴奋、光荣、幸福的一天！

这天上午，北京冬奥会、冬残奥会总结表彰大会在庄严的北京人民大会堂隆重举行，洪琼被授予北京冬奥会、冬残奥会突出贡献个人，受到党中央、国务院表彰。

会上，她作为北京 2022 冬残奥会中国体育代表团运动员代表发言：

尊敬的习近平总书记，
各位领导，同志们：

上午好！

今天，我代表北京 2022 年冬残奥会中国体育代表团运动员发言，心情无比激动，倍感无上光荣。

在北京 2022 年冬残奥会上，中国体育代表团牢记习近平总书记对残疾人和残疾人事业的重要指示，按照党中央、国务院决策部署，发扬"使命在肩、奋斗有我"的精神，自强不息、团结拼搏，夺得 18 枚金牌、20 枚银牌、23 枚铜牌，取得了历史最好成绩，为祖国和人民赢得了荣誉。

我出生于云南省罗平县农村，14 岁时从山上坠落导致脊髓损伤，从此不能站立行走，残疾后我很长一段时间陷入自闭。2014 年我参加了云南省轮椅篮球队，体育运动使我整个人逐渐开朗起来。后来，我通过中国残联组织跨界选材进入国家残疾人越野滑雪队，开始了冬夏结合、训练比赛结合、国内国际结合的系统性训练，刻苦的训练和全方位保障使我的运动成绩得到了快速提升。本届冬残奥会上，我参加了越野滑雪比赛，获得了女子坐姿组短距离、中距离、长距离比赛 3 枚金牌。特别是在 3 月 6 日长距离比赛中，我在第一个冲过终点线的那一刻，发自内心地振臂高呼"祖国万岁"！能在"家门口"为国争光，我倍感骄傲和自豪。

作为一名残疾人运动员，我深深地感受到，正是我们国家实力的提升、残疾人状况的改善，才使越来越多像我这样的残疾人有条件参加冰雪运动，才使我们残疾人运动员有机会、有底气在国际赛场上实现梦想。我深深地感受到，我们成绩的取得，在于习近平总书记对残疾人的格外关心、格外关注，在于党中央、国务院的坚强领导和对残疾人事业的高度重视和支持，在于全国人民和社会各界对我们的关爱和鼓励。我深深地感受到，是伟大的党、是强大的祖国让我们站在了世界最高领奖台上！

成绩已经属于过去，我们将继续发扬残疾人体育的光荣传统，心系祖国，拼搏奋斗，努力再创佳绩，为祖国为人民再立新功。同时，鼓舞和激励广大残疾兄弟姐妹自尊、自信、自强、自立，勇于面对挑战，积极康复健身，书写精彩人生，为实现中华民族伟大复兴的中国梦贡献智慧和力量！

那个被青山绿水环抱的小山村，孕育了一位不凡的女孩。洪琼以坚韧不拔之志，穿越风雨，跨越荆棘，最终站上了人民大会堂的讲台，向世人传递着属于她的声音。这一刻的荣光，是属于她的高光时刻。

杨洪琼在北京冬残奥会上获得的三枚金牌

洪琼的父母、老师、曾经的教练与同学们，以及所有默默关心、爱护她的家人朋友们，无一不屏息凝视，通过电视屏幕或手机屏幕见证着这一历史性的时刻。他们的心中，既有难以言喻的激动与自豪，更有对洪琼不懈努力的深深敬意。今日的辉煌，是洪琼在经历挫折时的不屈不挠、在克服困难时的坚定勇敢所换来的。这份荣光，是对她所有汗水与泪水的最高回馈，也是对她坚

授予：杨洪琼

北京冬奥会、冬残奥会
突出贡献个人

二〇二二年四月

杨洪琼被授予北京冬奥会、冬残奥会突出贡献个人

持梦想、勇于追梦精神的最高礼赞。

"幸福都是奋斗出来的。"此刻，洪琼对这句话有了更深刻的领悟。接下来，她的人生在继续奋斗着。

3.讲好冬残奥会的故事

2022 年 4 月 8 日参加完北京冬奥会、冬残奥会总结表彰大会后，洪琼和队友们于 4 月 9 日回到云南昆明，开始了奥运后的新生活。

残疾人运动员在脱离封闭的训练环境、回归纷繁的社会生活之际，常常需要直面身份转换的严峻挑战。这种转变，犹如将他们从熟悉的领域猛然抛入未知的海洋，以往稳固的平衡瞬间被打破。站在这全新的起点，他们必须付出比常人更多的努力，才能在这片陌生的海域中重新找到属于自己的平衡，继续前行。

洪琼走下奥运赛场没两个月，就被推上了宣讲的舞台，成为一名奥运宣讲者。为深入学习贯彻习近平总书记在北京冬奥会、冬残奥会总结表彰大会重要讲话精神，大力宣传云南省残疾人运动员在奥运赛场上顽强拼搏、勇创佳绩、为国争光的典型事迹，云南省组建了优秀残奥运动员先进事迹报告团。洪琼成为了报告团中的一员，讲述自己的故事。

当洪琼首次接受这项任务时，她的内心充满了忐忑与犹豫。她深知自己并不擅长言辞，更不愿过多地展示自我，对于媒体的

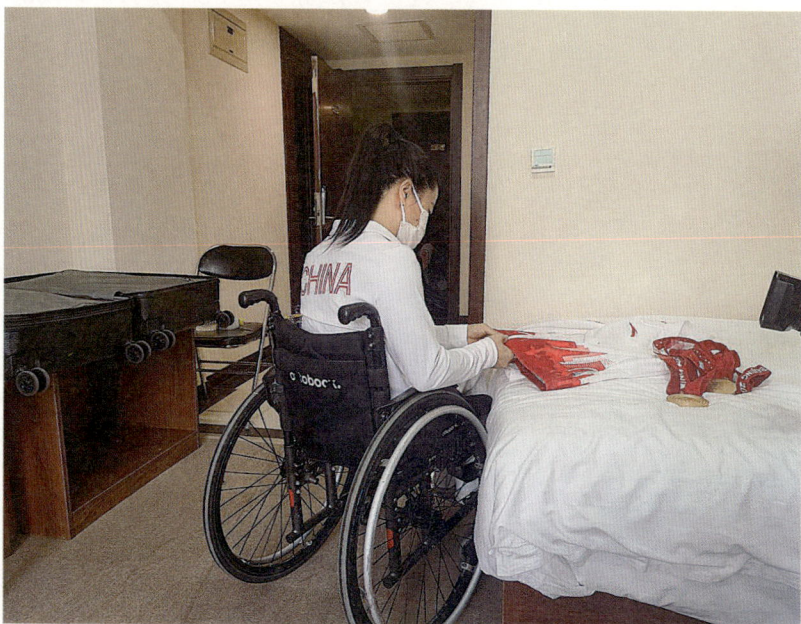

总结表彰大会后杨洪琼在酒店收拾行李

关注更是避之不及。她向往的是褪去光环后的平凡生活，回归真实的自我。然而，得到组织的召唤，洪琼最终选择了勇敢面对，她决心在挑战中突破自我，不断成长。

走上讲台进行宣讲的前一周，洪琼和其他几名报告团成员需要写出自己的宣讲稿，并接受专业的宣讲培训。回想起那段时光，洪琼略带玩笑地说："真是要老命了，真的比我比赛还累。写作和表达都是我的弱项短板，让我在一周之内速成，太折磨人了。"洪琼在老师指导下，不断打磨修改完善宣讲稿，有时常常改稿到凌晨。经过一周的努力，洪琼与其他报告团成员终于走上了宣讲台。

2022 年 5 月 15 日，正值第三十二个全国助残日，第一场宣讲设在了洪琼的母校云南特殊教育职业学院（原华夏中专）。她曾无数次幻想回学校，但从未想到是以一个讲述者的身份回来。宣讲当日，上午彩排，下午宣讲。宣讲已经彩排过多次，又是熟悉的校园，她只需要照着稿子读即可，所以就少了些许紧张。

宣讲完，老师把报告团的成员召集到一起进行宣讲复盘，复盘完又是不断地改稿、写稿。那段时间，凌晨 1 点入睡成为了她的常态，白天她常常坐着坐着就睡着了。

有一次宣讲，上午彩排时洪琼害怕弄脏奥运国服，打算下午再穿，上午就只穿了便装去彩排，结果被老师批评。在彩排时，老师们都很注重细节，追求让宣讲呈现最完美的效果，要求宣讲时声情并茂，面带微笑，而洪琼心中本就积攒了不少情绪，硬让她微笑，这让她内心更加抵触。她当时还未真正明白她宣讲的意义。省残联的老师安慰她说："洪琼，你现在的能量很大，可以鼓励、影响很多人，尤其是小孩子或是跟你有类似经历的人。""老师，其实现在最需要鼓励的人是我自己。"那时来自媒体、亲戚朋友、宣讲等各方面的压力，让洪琼陷入焦虑与迷茫中，她觉得自己没有能力去鼓励别人。

但洪琼的阳光底色始终未曾改变。她时常在自我挑战中寻求突破，不断摧毁旧有的自我，又坚定地重建全新的自我。正是这份强大的自我内核，让她在人生的道路上取得了如今的成就。洪琼康健时，雨意霏霏不能阻其行色；困厄时，风雪交加不能阻其昂扬向上；如今，她也能在重重困境中找寻自我，不断挑战。

洪琼逐渐放下心中的排斥与犹豫，她明白，无论自己如何抵触宣讲，都必须勇敢地去面对。于是，她选择了坦然接受，并立志将其做到最好。为了这一目标，她勇敢地迈出了第一步——脱稿宣讲，她希望通过自己的真诚与热情，与观众建立更直接、更亲近的联系。

当时，报告团6人还没有一个人能做到脱稿。在一场宣讲会上，洪琼并未事先透露自己将进行脱稿宣讲的想法。当她站在台上，准备开始演讲时，台下的老师和队友们才惊讶地发现她手中空无一物，没有携带任何讲稿。队友们不禁在角落里焦急地挥手示意，担心她能否顺利完成这场挑战。然而，洪琼却以她坚定的

杨洪琼参加北京冬奥精神宣讲团

眼神和自信的微笑回应了他们的担忧，她准备用自己的话语和情感去感染在场的每一位观众。

在后来的宣讲中，洪琼在熟练宣讲的同时，开始更加关注自己的面部表情、宣讲时的感情、与观众的互动等。在一次宣讲时，话筒和音乐出了问题，她也未受到影响，表达自如。观众更积极的反响与热烈的掌声，是她努力的最好证明。得到观众认可的她，找到了自己宣讲的价值，也在这个过程中获得了成就感，她开始真正觉得这是一件神圣的事情，真心地接纳自己宣讲者的身份。

2022年8月，洪琼受命加入了由北京冬奥组委、北京市委宣传部、北京市社会科学院联合组建的北京冬奥精神宣讲团，洪

杨洪琼准备上台宣讲

琼作为北京冬残奥会唯一一名运动员，与其他 19 名宣讲员分组在 16 个区进行系列巡讲活动。宣讲员都是在北京冬奥会、冬残奥会筹办、申办、举办不同阶段和不同岗位中做出突出贡献的代表人物。他们多角度、全方位、立体式地讲述了北京冬奥故事。

当时，宣讲团每天去两个区，洪琼不是在台上宣讲，就是在去宣讲的路上，每天的奔波，让她身体有些吃不消。但前期的云南省优秀残奥运动员先进事迹报告团的经历为她打下了良好的基础，她能很快适应高强度的宣讲压力。虽然在台下身心疲惫，但只要一站到台上，她就能饱含激情地宣讲。事后回想起来，她感觉这应该就是"成长"。

杨洪琼在宣讲时和学生互动

　　后来，团队共同宣讲结束后，洪琼即使一个人受邀去宣讲，也能从容自如地面对各种情况。在一个中学开学典礼上的宣讲让她感触颇深。当时正值初春，学校操场的风裹挟着初春料峭的寒意迎面而来，吹得洪琼额前的发丝肆意飞舞，声音也冻得有些发颤。

　　看着台下6000多名学生坐得端端正正，聚精会神地听着自己的讲述，她努力控制住声音的颤抖，尽力呈现完美的效果。洪琼讲到悲伤之处同学们就泪花点点，精彩之处就连连鼓掌，有趣之处更是欢声笑语一片。宣讲结束后，6000多名学生蜂拥过来找洪琼合影，她在红色的海洋中绽放出了灿烂的笑容。那是洪琼宣讲以来效果最好的一次。

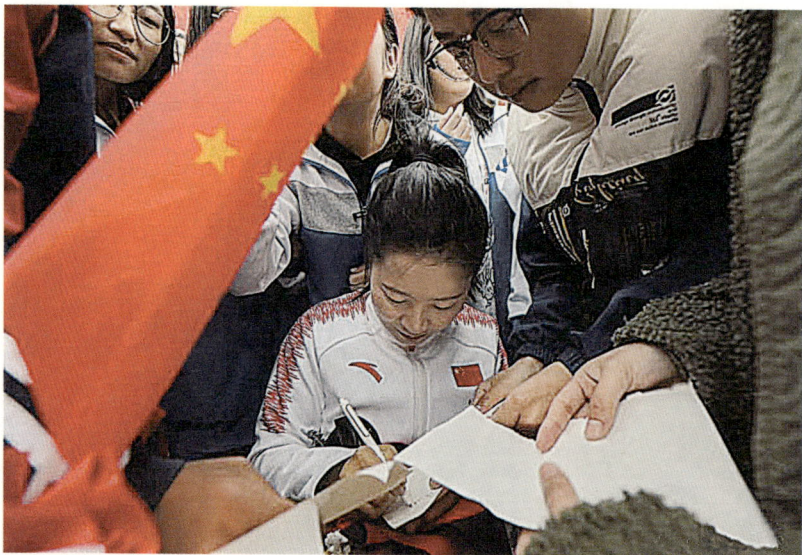

杨洪琼宣讲后给观众签名

　　洪琼更是没想到能在学校看到坐轮椅的学生，还与他在台上台下近距离交流，鼓励他。这名学生由于后天生病导致只能依靠轮椅生活。校长告诉她，这名学生身残志坚，身体不方便，但仍努力学习，成绩很好。在与这名同学细致交流后，洪琼用自己的切身经历告诉他，如今学习的机会来之不易，更应努力学习来回报父母、母校和社会。从前，一束束光照在洪琼身上；如今，她自己也变成了一束光。

　　当体育赛场的喧嚣渐渐远去，洪琼步入了她生命中另一片更为深邃而广阔的竞技场——那是她人生的第二个赛场。在这里，不再有观众的欢呼与掌声，却有自我超越的静谧回响；不再有胜负的鲜明界限，唯有不懈追求与持续成长的温柔光芒。洪琼以更加坚定的步伐，踏上了这段心灵与智慧并行的征途，继续书写着属于她的辉煌篇章。

这个时候的洪琼，如一株绚丽绽放的龙女花，灿烂热烈。

第七章　人生展新图

1. 退役后的人生选择

2022 年 9 月，杨洪琼正式入职云南省曲靖市纪委监委，成为了一名纪检监察干部，开始续写她的人生新篇章。

"观众朋友们，大家好！欢迎走进《清风会客厅》。" 2023 年 7 月 1 日，洪琼开启了自己主持人生涯的第一次节目录制。上次现场听到这句话，还是作为嘉宾参加《清风会客厅》的第一期节目录制。录完节目后，洪琼回到家快速躺在沙发上，缓解自己端坐一下午的疲惫。身体很疲惫，头脑却异常清醒。她放下手机，直直地盯着天花板，外面的风呼呼作响，一下把自己的思绪带回到一年前。未曾想到，时隔不过一年，自己就从这档栏目的嘉宾变成了主持人。仔细回想起来自己经历的这一年岁月，或许命运的齿轮在作为第一期嘉宾录制节目时就开始转动了。

2022 年 6 月，洪琼正在各地进行宣讲，紧凑的活动安排中有了一天空余的时间，她宣讲结束后清洗了自己的奥运国服，想着第二天可以在房间好好休息。未承想，电话铃声突然响起，曲靖市纪委监委邀请她作为嘉宾在第二天休息日录制《清风会客厅》节目，原本的计划就这样泡汤了，但她也早已习惯这样的变化，不过她的奥运国服显然还没有"习惯"。

就在节目开始录制前一个小时，洪琼坐在化妆间化妆，耳边

杨洪琼作为嘉宾录制《清风会客厅》节目

萦绕着吹风机的轰鸣声和现场嘈杂的人声，发现不远处几位工作人员正在用吹风机吹着还未干透的奥运国服。把自己未干透的衣服带进演播室现场吹干，这是洪琼从未想到过的，毕竟在她看来这是自己的事情。透过这件小事，洪琼就被这个单位的同志们深深感染。

洪琼穿好还带有余温的奥运国服，戴上耳麦，坐在了演播厅中央的椅子上，"能不能给我找一个垫子？"洪琼笑着和工作人员说道。14岁那年的意外后，她除了下肢不能动弹，也不能久坐，否则背部就酸胀难忍，如同压了石头般。工作人员前后拿了三四个垫子来试，只为了让洪琼找到最舒适的状态。

为了更好卸下洪琼的心防，敞开心扉畅聊，主持人在节目录制前熟稔地和她聊起了家常，没承想这一聊就聊了近1小时，洪琼心里也不禁泛起嘀咕，"不是3点开始录吗？咋都快4点了还和我闲聊呢，看来想早点躺平休息的计划又泡汤了。"后来她才知道，那天调光师为了把自己最好的状态呈现出来，竟然花了一小时调光，他对同事说："为奥运冠军调光是我的骄傲，如果没有把冠军最好的状态展现出来，那将是我一生的遗憾。"也是在那时，洪琼才知道原来录制一期完整的节目背后需要付出如此多的努力。此时的她还不知道后来的自己也会成为其中的一员。

2022 年 7 月 1 日，正值全国上下喜迎党的二十大和中国共产党成立 101 周年华诞之际，曲靖市纪委监委成立清廉曲靖融媒体中心，全国首个廉洁文化电视专业频道清廉曲靖电视频道正式开播，全方位多维度立体式传播廉洁文化。开播现场，主持人讲道："为加强新时代廉洁文化建设，增强党员干部不想腐的思想自觉……创新打造廉洁文化专业频道，开设深度报道类栏目《廉情观察》、访谈类栏目《清风会客厅》、舆论监督类栏目《清风问廉》、新闻资讯类栏目《清风您早》、廉洁文化类栏目《清风徐来》和新闻纪实类栏目《清风走基层》共 6 档全媒体栏目……"接着，洪琼分享了自己的成长故事并送上开播祝福，并与大家一起观看了《清风会客厅 | 杨洪琼："三冠王"的逐梦之路》。这是清廉曲靖电视频道开播的首期节目，一经播出，仅在"清廉曲靖"微信公众号和视频号上就获得 10 万＋的浏览量。

当时洪琼觉得，这次节目也会和以往录节目和宣讲活动一样成为过往，没料到的是，冥冥之中自己与这个单位结下不解之

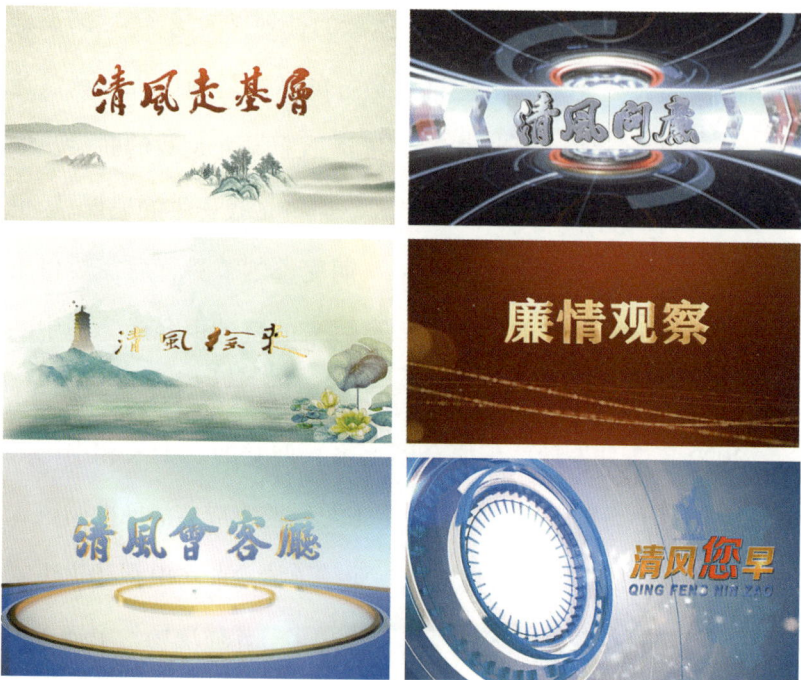

清廉曲靖全媒体节目

缘，不久之后，清廉曲靖融媒体中心成为了自己人生的新站点。

节目播出的第三天，洪琼接到了清廉曲靖融媒体中心的电话："洪琼，我们想邀请你加入我们，担任《清风会客厅》的节目主持人，你愿意吗？"洪琼竟有些不知所措，倒不是不愿意，而是太过惊讶。自己退役后一直在等待工作安置，没想到自己居然可以有机会到曲靖市纪委监委工作，她听说这可是"全国纪检监察系统先进集体"呀，自己能够胜任吗？她需要冷静下来，向对方表示自己会好好考虑后再答复。

"命定的局限尽可永在，不屈的挑战却不可须臾或缺。"这是史铁生在《我与地坛》中的一句话，也是洪琼过去三十多年的真实写照，更是对她后来选择的一则预言。

"这是一个很大的挑战。"洪琼和微信视频那头的朋友说，"我想成为一个主持人，挑战一下自己，不想一直躺在舒适圈"。洪琼以前一直觉得做主持人好像必须能言善辩、伶牙俐齿，自己显然不是那种人。在队里训练时，她总是习惯躲在角落里，默默地去完成自己的事情，这与队里大多数活泼外向的运动员形成鲜明对比。但在她的性格里，却有着一股不服输的韧劲，"我越不行，我就越要行"，洪琼热衷于不断挑战自我，她的每一步都充满了对未知的渴望和对自我的探索。从走出大山求学，到选择体育之路，再到坚定地投身于滑雪运动，她的成就正是自我不屈意志的

杨洪琼参加曲靖市纪委监委系统"清风杯"职工运动会

最好明证。她勇敢地与命运抗争，不断在挑战中寻找真正的自我，这次也不例外。

在心里定下七八分主意时，恰巧曲靖市纪检监察系统"清风杯"职工运动会邀请洪琼参加。洪琼怀着对运动会的浓厚兴趣和探索精神，带着她的妹妹一同参加了这场盛大的运动会。她希望能在比赛中寻找到乐趣，与妹妹一同分享这份独特的体验。

运动会上，洪琼被大家那种团结一致、勇于拼搏的精神状态感染，也感受到纪检监察系统这个大家庭的温暖与友爱。"我觉得这个单位真好呀，人精神，氛围也好！"洪琼笑着看向身旁的妹妹，此时她想进入这个系统，想成为一名纪检监察干部，想成为清廉曲靖融媒体中心一名主持人的决心达到了十分。

随后，洪琼给融媒体中心回了电话，表示自己非常乐意入职成为一名主持人。2022年9月，是洪琼入职的日子。曲靖市纪委监委院子里的桂花格外香。洪琼不是第一次到这儿，今天却是她第一次作为这里的一分子而来，她心里五味杂陈，不知道自己这个决定对不对，也不清楚以后会不会后悔，但此刻迎面而来的风带着桂花的清香，让她忐忑的心平静不少。

同事们早早地把洪琼的座位和办公用品准备好，而且为了方便洪琼，还专门在办公楼门前设置了斜坡，并设置了无障碍卫生间，洪琼心里暗暗感动，单位这样关心自己，一定要把工作干好。

然而，从零开始成为一名专业主持人又岂是一朝一夕就可以达成的，洪琼在这个过程中遇到不少的挑战。看到主持人同事们都有事可做，而自己却还只是个"门外汉"，许多主持工作她自认为还没有能力胜任，内心便十分焦急，不知道自己该如何做，有时还会出现莫名的恐慌，她很想逃离这种感觉。好在单位的工作氛围很好，同事们都互帮互助。

有一天在一场活动中，一个单位的老前辈与洪琼闲聊了一会儿，问了她的工作适应情况，她很坦诚地和老前辈说了自己的心里话，"我觉得自己在单位很多余，我不知道我存在的意义是什么。"老前辈语重心长地对她说："你来这个单位对我们就是一种莫大的鼓舞，你的作用没有任何一个人可以代替。"那一刻，洪琼觉得心里淌过一股暖流，泪花打湿了眼眶。

渐渐地，洪琼身上那种不认输且倔强的性格又回来了。她仿佛一位探索未知的旅者，紧抓每个学习契机。时常见她拉着专业的主持人探讨交流，问尽心中疑惑。

然而，这份倔强与好问并未让人生厌，反而在同事间激起了善意的涟漪。他们被洪琼的热情所感染，纷纷以开放的心态与她交流。

不知不觉，两个月过去了，洪琼已经积累了一些专业知识，更深入了解了主持工作，明白了主持人的意义与价值。

以前多次作为嘉宾录制节目，而且宣讲了那么多次，加之入职后的学习，让洪琼觉得自己应该也算熟悉流程，对舞台的掌控力也还算可以，照猫画虎总该有个模样，就主动争取录制节目的

我们邀请到了三位来曲靖旅游的嘉宾

清风会客厅

杨洪琼在荧幕上

机会，录制了自己主持的第一期节目——《清风会客厅丨老物件：
流金岁月的记录者》。在录制节目前，她做了充分的准备，花了
大量的时间看许多访谈类节目，学习优秀主持人的言谈举止。她
还积极主动与编导、嘉宾交流沟通，做到充分了解，才敢安心上
台去打自己的"第一场战"。可真到台上面对镜头和嘉宾张口表
达，完全不是那么回事。

"洪琼，放松点，别老皱眉头"；

"洪琼，微笑、微笑"；

"洪琼，再来一遍，情绪要饱满，身体坐直"；

"洪琼，我们再来一次"；

"再来一次"；

……

真正坐在镜头前，洪琼才发现主持人并非机械地念稿，不仅

要注意表情、仪态，大脑迅速运转做到随机应变，而且对访谈内容的把握也是极大的挑战，文化、教育、中国好人、酒驾醉驾、防范电信网络诈骗、乡村振兴……洪琼之前对这些都了解不深，有些无所适从。但洪琼天生就热爱挑战，深入了解主持内容的过程，被她视为一个充实自我、挑战自我的过程。她善于为自己设定明确的目标任务，并持续不断地扩充自己的知识面。每当遇到不懂的问题，她总是积极地向同事请教，与他们交流探讨，不断提升自己的专业素养和综合能力。洪琼这种勤奋好学、勇于挑战的精神，无疑为她的职业生涯增添了更多的光彩。

最初，洪琼在节目录制过程中会出现一些仪态、言语、表情管理等问题，专业的主持人和其他同事们都会在镜头后细心地一次次提醒她。洪琼虚心接受他人的建议和提醒，一次又一次地重新尝试，将这种过程视为宝贵的学习机会，让自己不断进步。她深知一期节目的制作不仅仅是她个人的付出，更是背后众多同事共同努力的成果。尽管她认为自己目前的专业性还有待提高，但她从不气馁，更不愿意成为团队的拖累。她坚持不懈地努力，逐渐找到了自己的最佳状态，并最终成功完成了自己的第一次节目录制。功夫不负有心人，节目最终呈现效果得到了广大观众的认可。

值得一提的是，在录制节目过程中也是欢声笑语不断，因为洪琼平翘舌不分，还闹过不少笑话。正当她一本正经主持节目时，突然说了几个发音不准的平翘舌的字，总引得大家哈哈大

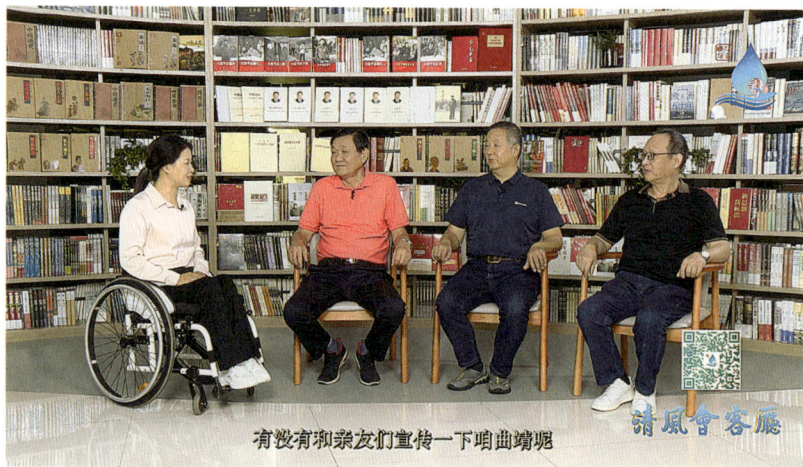

有没有和亲友们宣传一下咱曲靖呢

请风會客廳

杨洪琼主持节目

笑。比如，"是"经常被她读成"似"，大家就会在一起调侃。洪琼并不生气，反倒很开心大家可以给她纠正读音。她还主动请求同事在节目录制和日常生活中纠正她的读音。她觉得只要能让自己进步，那就必须要做，她下载了小程序练发音，每天都坚持打卡学习。一天早晨，她进办公室就说："以后我们都说普通话，不说方言了，我要是忘记了，记得一定要提醒我。"同事还以为她受到刺激了，毕竟她平时都是用方言交流，但洪琼知道，只有这样她才能慢慢战胜自己，在主持人的道路上走得更远。

后来洪琼又录制了许多期节目，和当运动员时的习惯一样，她总喜欢每做一期节目就开始反思，总结经验。从最开始在镜头前的表情僵硬到如今谈笑自如，洪琼慢慢找到了自己的最佳状态，有了一些小小的成就感，主持也就越来越得心应手了，她觉得这离不开同事们对自己的鼓励和帮助，她发现自己好像融入了大家，也更加热爱这一份工作了。从正式主持节目那一刻开始，成为一名大众认可的优秀主持人就成为了洪琼的一个目标，犹如她当初一步步登上世界最高领奖台一般，或许待她登上了主持人这座山峰，可能又发现这里还远不是峰顶，仍需不停地去跋涉。

"路漫漫其修远兮，吾将上下而求索。"主持人的道路没有终点，但洪琼愿意为之不懈奋斗。

2.成为纪检监察干部

走下体育赛场，走上全新的"战场"。从运动健儿到纪检监察干部，洪琼也在一步步进行着角色转变。纪检监察机关是党的"纪律部队"，是推进全面从严治党的重要力量，必须首先做到自身正、自身硬、自身廉，成为忠诚、干净、担当、孤独而坚毅的战士。这是洪琼进入曲靖市纪委监委经常听到的话，无论何时何地她都牢记于心并践之于行。但其中有一点她并不太"认同"，那便是"孤独"二字。"我并不孤独呀，单位的同事就像我的兄弟姐妹，给了我家人般的温暖，单位就是我的家。"入职一周年座谈会上，洪琼眼里噙满激动的泪水，用颤抖的声音吐露出自己内心的真实想法。

洪琼回到办公室，温暖的阳光透过窗户洒在办公桌上，窗外院子里的红旗迎风飘扬，在阳光的照射下，显得格外鲜艳。静下心来听，还能听到红旗被风吹得呼啦作响的声音，像是胜利的召唤。没承想，一年过得如此之快，院子里的花开了谢，谢了开，四季轮转，自己还有幸见证了"天安门广场百年庆典红旗"在曲靖市纪委监委冉冉升起，迎风招展。这是 2021 年 7 月 1 日中国共产党成立 100 周年庆典时在天安门广场高高飘扬的百面红旗之一，它见证了中国共产党百年华诞。2023 年 9 月 26 日，在红旗捐赠仪式上举行了升旗仪式，雄壮的国歌声让洪琼想起了自己获得第一枚金牌时，五星红旗也是这样升起，激动、骄傲、自豪的情感一涌而出，化成热泪。

入职后，洪琼在曲靖这个熟悉又陌生的城市里有了一个自己的小家。去昆明上学前，洪琼都是在罗平县里的小山村度过的，

曲靖市纪委监委大院

那时她去过最远的地方是县城。外出求学训练也是直接到昆明或更远的地方，很少有机会来到曲靖，对曲靖不太熟悉。不过说来也巧，2014 年她在曲靖认识了胡老师并走上体育之路。如今又回到这座城市，开启她人生的新征程。命运的大手将她拨回了出发的地方，不同的是她将走上不同的人生道路，相同的是在人生旅途中她都遇到很好的同行者。入职后，几个同事带她到处看房，让她在曲靖有了自己的温馨小窝，这种细小温暖的记忆在洪琼的心底扎下了根。

"运动员的生活是相对单一的，我们的生活训练是被教练安排好的，我只需要按照被制定好的计划去执行就好，但好像工作并非如此。"刚开始洪琼无所适从，她习惯了被安排、被支配的日常。如今她有一定自主权去安排自己的工作和生活，好像反而不知道如何去做了，内心就像失去导航的轮船迷茫地行驶在茫茫大海中，她也很挣扎，很想逃离。"曾经的我想退役后有一份安稳的工作，那便是最大的幸福，如今我有光环、有荣誉、有工作，好像什么都有了，但心里似乎还是空落落的。"这是洪琼刚入职时的真实感受。

她切身体会到自身的能力不足，自己做运动员时建立的知识体系并不足以满足现在的工作需求。除了主持人的挑战，纪检监察业务也是不小的挑战，她再次被淹没在知识的海洋，甚至有些迷茫，但她又一次次给自己鼓劲。"不要看到别人发光，就觉得自己暗淡"，这是她在看一篇文章时很受触动的一句话，也是那时她对自我的安慰。如今每当怀疑自己的时候，她就会拿出来读一读激励自己。她抱着从零开始的心态，学习政治理论知识、业务知识……如同海绵汲水一般"疯狂"地汲取着知识。

即便如此，洪琼仍坚持提升自己的主持能力。"一个标点，一个词语，一个病句，前辈们都会给我指出来"，洪琼开玩笑说感觉自己仿佛又做回了小学生，但她很开心也觉得幸运能够做回小学生。同事之间的关系也都非常融洽，不论是工作还是生活中的事情，他们会耐心倾听，为洪琼排忧解难，让她感受到家人般的温暖。

洪琼感觉到，自己参与的工作总是在不断创新和突破，自己也无时无刻不在面临挑战，《沙"话"中国》《诗说中华》，一系列聚焦中华优秀传统文化的节目，从策划到播出，洪琼都在其中

杨洪琼主持《诗说中华》

贡献自己的一份力量，她见证着电视频道的成长，自己也在这个过程中不断成长、突破。

"洪琼，我看你气色很好，看来工作适应得很好呀"，省残联的老师笑着对洪琼说。也是这时洪琼才发现，原来自己在工作的这一年里不知不觉就发生了转变。后来她和退役工作的师姐们聊天，她们都无不惊讶于自己的工作适应能力。但她心中明白，从运动员到纪检监察人的成功转变，离不开组织和同事的关心关爱和帮助。

在单位，洪琼获得了一次宝贵的党性教育锻炼机会。"我曾有幸到中国延安干部学院学习，到小学课本里出现的革命圣地，这是我以前不敢想象的。"从巍巍宝塔山到杨家岭革命旧址、梁家河等地，一路走来，洪琼仿佛进入了历史的时空隧道，再一次重温中国共产党艰苦卓绝的奋斗史。在圣地延安学习的 5 天里，洪琼的视野得到了开阔，知识得到了增长，精神更是一次次得到了洗礼。循着革命先辈们的足迹，聆听着他们的故事，他们"筚路蓝缕、手胼足胝"的艰苦奋斗精神，让洪琼深深感受到：人不管身处什么样的环境，是好是坏，都要保持一颗积极向上奋斗的心。

在 5 天的学习中，洪琼与同事们有了近距离且深入的接触。在现场教学时，遇到台阶、门槛和大坡等障碍，同事们纷纷主动伸出援手，齐心协力地为她抬起轮椅，确保她能无障碍地融入其中。这不仅让她真切地感受到了同事们的关怀与帮助，也让她与同事们的心贴得更近。

这次学习让洪琼有机会真正走进革命旧址，亲身感受那些历史瞬间的厚重与庄严。她沉浸在历史的熏陶中，与同事们一同领略革命先烈的英勇事迹和伟大的延安精神。

当年她读不懂小学课本里《为人民服务》的意义，通过延安的学习，她才明白了其中真谛。在延安她感受最深的就是"为人民"。"江山就是人民，人民就是江山。中国共产党领导人民打江山、守江山，守的是人民的心。"习近平总书记的话语掷地有声。在梁家河，她和同事们参观了梁家河村史馆，从那些留存的老照片、旧物件和只言片语中，她仿佛看到了习近平总书记那段知青

杨洪琼在延安革命纪念馆留影

岁月的生动画面，心灵一次次被震撼、受鼓舞。在接下来的工作中，她也更加真切感受到什么是"为民情怀"。

洪琼是从大山里走出来的，从小饱经磨难的生活让她对困难人群格外关注，也让她有着强烈的共情能力。在一次《廉情观察》节目制作中，洪琼看到视频画面中的职工住宿楼地面上一条一条的大裂缝令人触目惊心，房屋上张贴的"D级危房"标识刺眼的红。她听受访的居民说车子从路边经过房屋都会震动，住在里面提心吊胆。"天呐，这种地方怎么还能住人？"洪琼惊呼。幸运的是，接下来她看到，在纪委监委的监督推动下，仅用45天时间，6栋危房全部集中拆除，175户群众稳妥完成搬迁安置，住进了新房。以此为契机，曲靖市纪委监委围绕教育医疗、生态环保、饮水安全、道路交通、住房保障、"一卡通"等领域的突出问题，在全市开展"民生领域突出问题"专项监督，推动解决了一大批"出行难""饮水难""不动产登记难"等事关群众切身利益的问题，看到居民们眼里闪着光，发自内心的感激，洪琼心里有说不出的温暖。参与的节目越多，洪琼心中的感慨就越深，她也有了更多的获得感和幸福感。在一次《清风走基层》采访中，她听到一位大娘因为饮水问题得到解决乐呵呵地说："现在政策好了，日子好过了，感谢党、感谢政府"，洪琼也不由得开怀。还有一次，在集中公开澄清正名会议现场，看到受到不实举报的党组织和党员干部发自内心的感谢，洪琼也深受感染，备受鼓舞，仿佛那个受到澄清正名的人是自己。

除此之外，洪琼积极投身到志愿服务工作中去。"我得到的帮助、受到的关爱，让我感受到纪委这个集体是温馨的、身处这个社会是温暖的、当下这个时代是温情的。对于得到帮助和帮助别人，我更能感同身受，也更有义务和责任将'奉献、友爱、互助、进步'的志愿者精神传承下去，把爱散播出去、传递出去，让更多的人感受到'爱'的力量、'善'的力量。"

杨洪琼在学校宣讲

不久，洪琼又有了一个新的身份——清廉文明志愿者。她与来自党政机关、司法机关、高校和科研院所、律师事务所、新闻媒体、企业等不同行业领域的数百名廉情观察员、清风评论员、阳光监督员以及清风文化使者、清廉文明志愿者组成的"三员两者""清风队伍"，为传播廉洁文化不懈努力。这一年里，她结合自己从云南大山到登上世界最高领奖台的青春奋斗励志故事，到党政机关、学校医院、社区农村开展"清风宣讲"志愿服务活动，宣讲党的二十大精神，宣讲廉洁文化，激励社会各界努力奋斗、勇于挑战、自信自强。

杨洪琼参加廉洁文化宣讲活动

"大家快来看呐，新华社刊登了我们单位的一篇大稿子"，洪琼拿着手机坐在轮椅上冲到了隔壁办公室，同事们纷纷围了过来，"《这一次，行贿人受贿人相约自动投案》，这不是我们前段时间办理的一起案件嘛！"大家喜不自禁。在高压震慑、政策感召和廉洁文化感染下，1 起案件的受贿人和行贿人相约主动投案，被新华社深度报道，人民日报、半月谈、光明日报、澎湃新闻等429 家媒体转载，中央政法委长安剑、中国普法、人民网等微信公众号阅读量超 100 万，登上百度、抖音热搜。这股喜悦一直萦绕在洪琼和同事们心头。渐渐地，洪琼对清廉曲靖电视频道开播仪式上主持人的那句"增强党员干部不想腐的思想自觉"有了更加清晰的认识和理解，她也更加明白了自己工作的意义和价值，细细回想，自己参与的这些工作、付出的这些努力，不正是在为"增强党员干部不想腐的思想自觉"而努力吗？

一路走来，洪琼十分感慨，她见证了纪检监察工作的发展，感受到了纪检监察工作的"大爱""大情怀"，见证了这个伟大时代的伟大变革，也更加坚定了自我奋斗的信心和决心。

3. 不设限，向未来

"天呐，我居然是执旗手！"洪琼看着身边的工作人员激动地说着，接到参加 2023 年杭州第四届亚残运会开幕式通知时，她一直以为自己可能是火炬手，但直到彩排时她才得知自己是会旗执旗手。2022 年冬残奥会闭幕式上，自己作为中国体育代表团旗手的场景又浮现在眼前。

洪琼在后台候场时，看着中国亚残运会代表团入场，激情的音乐，观众的欢呼声，她仿佛看到了残奥会时的自己，心中不禁感慨时间过得真快，一切仿佛在做梦，直到主持人的播报声把她拉回了现实。

"女士们，先生们，欢迎亚残奥委员会会旗入场！本次亚残奥委员会会旗的 8 名执旗手是……杨洪琼"，洪琼洋溢起自信的笑容，和其他 7 位执旗手一起高擎会旗，缓缓走向会场中央，引发全场热烈掌声。

与上次相比，这次的她多了几分自信与从容。这或许归因于她过去这一年的沉

杨洪琼在杭州第四届亚残运会开幕式上作为执旗手候场

淀，但她觉得这也离不开其他 7 位执旗手的努力。大家身体残缺各异，有的是肢体残疾，有的是视力残疾；高矮也参差不齐，有的坐轮椅，有的身高一米八；每个人站的位置不同，有的在前，有的在后，有的在左，有的在右，这让会旗平稳呈现着实不易。刚开始彩排时，会旗经常被扯歪，好在一遍遍地排练让大家逐渐找准了位置，配合也越来越默契，这才有了开幕式上昂扬姿态、自信笑容、有序步伐地完美呈现。

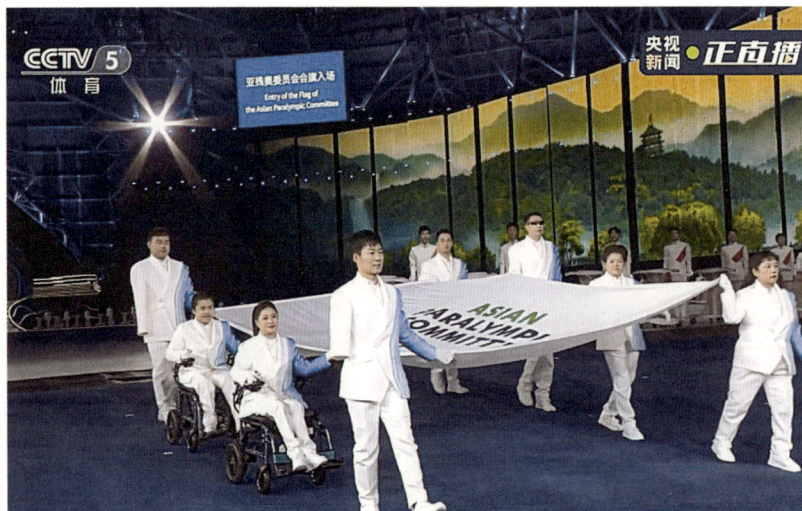

杨洪琼在杭州第四届亚残运会开幕式上作为执旗手入场

"我们8位执旗手携手执旗时，就像残疾人运动员在不同领域上发光，共同促进残疾人体育事业的发展。"在8位执旗手中，有中国第一位残奥会冠军，有连续多次在残奥会获得冠军的，有一届获得多枚金牌并打破世界纪录的。金牌和荣誉的背后，是残疾人运动员无数的艰辛和汗水，是身体和意志的双重磨炼。而这个过程在丰富和滋养运动员自身的同时，也感染并激励更多人去勇于挑战、超越自我，成就出彩人生。洪琼相信，深耕沃土，必有繁花，中国残疾人体育事业迎来了新的春天，在推进强国建设、民族复兴伟业的新征程上，在大家的共同努力下，必将取得更大成绩。

从运动员到主持人、纪检监察人、执旗手，再到全国残代会代表、省政协委员……洪琼从不给自己的人生设限，"青春不应

杨洪琼作为省政协委员参加云南省政协会议

被年龄所定义，任何时候都为时不晚，一切皆有可能。"这是她在宣讲时常讲的一句话，也是她人生的真实写照。

杨洪琼始终相信，不设限，不逃避，勇敢追梦，是一个人最大的魅力。她深知，在这个广阔的世界里，每个人心中都藏有一个或大或小的梦想，它如同夜空中的明星，指引着前进的方向。因此，她选择了一条并不好走的路，面对未知与挑战，她从不退缩，而是以一种近乎虔诚的态度拥抱每一种可能性。在追梦的路上，她学会了自我超越与坚持，即便遭遇挫折与失败，她也能从中汲取养分，让自己的内心变得更加坚韧不拔。

龙女花开，一路向阳。

杨洪琼

后　记

　　《龙女花开》记述了我国首位冬残奥会"三冠王"杨洪琼凤凰涅槃的传奇故事，是一部鲜活生动的励志教材。命运摔断了她的脊梁，她却用信念撑起梦想；残疾折断了她的翅膀，她却靠轮椅驭雪驰骋。

　　本书通过残疾女孩杨洪琼的成长故事，带领读者走进她的世界，感受命运的坎坷、生活的艰辛、奋斗的快乐，感受洪琼自立自强，以青春之我、奋斗之我创造无限可能的点点滴滴，见证新时代的伟大变革，让人感到温暖、看到希望、得到力量。

　　杨洪琼同志来到清廉曲靖融媒体中心工作后，大家被她的事迹所感动，渐渐萌发了把她的故事记录下来、讲给更多人的想法。2022年9月，清廉曲靖融媒体中心着手编写本书，编写组对洪琼的故事进行精心整理创作，反复打磨完善。在出版过程中，人民出版社给予了大力支持，在此表示衷心感谢。同时，感谢书中的每一位亲历者、见证者、奉献者、追梦者，共同成就了书中感人至深的故事和历久弥新的记忆。

　　书中难免存在疏漏和不当之处，敬请广大读者提出宝贵意见。

清风催人进，奋楫正当时。新时代新征程，让我们逐梦翱翔、扬帆远航！

曲清源

二〇二四年八月

策划编辑：柴晨清
责任编辑：柴晨清
装帧设计：汪　阳

图书在版编目（CIP）数据

龙女花开 ／ 曲清源著 . -- 北京 ：人民出版社，
2024. 9（2025. 1 重印）. -- ISBN 978 - 7 - 01 - 026651 - 0

Ⅰ．K825.47

中国国家版本馆 CIP 数据核字第 20245MQ570 号

龙女花开
LONGNÜHUA KAI

曲清源　著

人 民 出 版 社 出版发行
（100706　北京市东城区隆福寺街 99 号）

北京华联印刷有限公司印刷　新华书店经销

2024 年 9 月第 1 版　2025 年 1 月北京第 3 次印刷
开本：710 毫米 × 1000 毫米 1/16　印张：13.5
字数：159 千字

ISBN 978 - 7 - 01 - 026651 - 0　定价：69.00 元

邮购地址 100706　北京市东城区隆福寺街 99 号
人民东方图书销售中心　电话（010）65250042　65289539